駆け込みでもマスター！

売上1,000万円以下の個人事業のためのインボイス制度

税 理 士 **金井 恵美子** 著

株式会社**インフォマート** 編集協力

税務研究会出版局

　消費税の申告を免除される事業者を免税事業者といいます。

　インボイス制度では、免税事業者からの仕入れは仕入税額控除ができません。そのため免税事業者は、受注や販売ができなくなる可能性、あるいは、控除できない金額について値引きの要請をされる可能性があります。

　免税事業者のまま事業を継続することができるのか、それとも登録して課税事業者となるべきか、本書は、免税事業者がインボイス制度に対応するために必要な知識を集めた解説書です。

　読者のみなさまのご事業の継続と発展のお役に立つことを願っています。

令和5年7月吉日

税理士　金井恵美子

　本書では、次の用語を使用しています。

インボイス制度…令和5年10月1日から開始する適格請求書等保存方式
インボイス　　…法令に定められた事項を記載した「適格請求書」
　　　　　　　　（適格簡易請求書をあわせてインボイスと呼ぶことも
　　　　　　　　あります）
簡易インボイス…小売業者等が交付することができる「適格簡易請求書」
返還インボイス…値引きや返品によって売上代金を返金するときに交付
　　　　　　　　する「適格返還請求書」
インボイス発行事業者・登録事業者
　　　　　　　　…税務署に申請して登録を受けた「適格請求書発行事業者」

目　　　次

本書の内容は、令和５年６月１日現在の法令・通達に基づいています。
※本書内に記載されている会社名、商品名、製品名などは各社の登録商標です。
また、本文中では、特に®マーク、TMマークは明記しておりません。

インボイス制度チェック　フローチャート

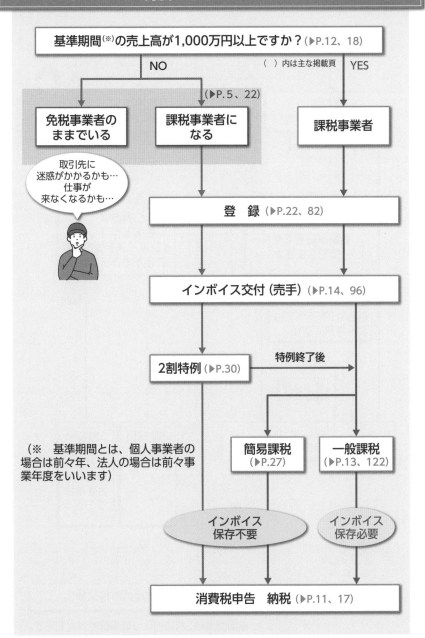

基準期間(※)の売上高が1,000万円以上ですか？(▶P.12、18)

NO　　　　　　　　　　　　　　（　）内は主な掲載頁　YES

(▶P.5、22)

免税事業者の
ままでいる

課税事業者に
なる

課税事業者

取引先に
迷惑がかかるかも…
仕事が
来なくなるかも…

登　録（▶P.22、82）

インボイス交付（売手）（▶P.14、96）

2割特例（▶P.30）　　　特例終了後

(※　基準期間とは、個人事業者の
場合は前々年、法人の場合は前々事
業年度をいいます)

簡易課税
（▶P.27）

一般課税
（▶P.13、122）

インボイス
保存不要

インボイス
保存必要

消費税申告　納税（▶P.11、17）

課税事業者になる(登録する)? ならない? チェックしてみよう

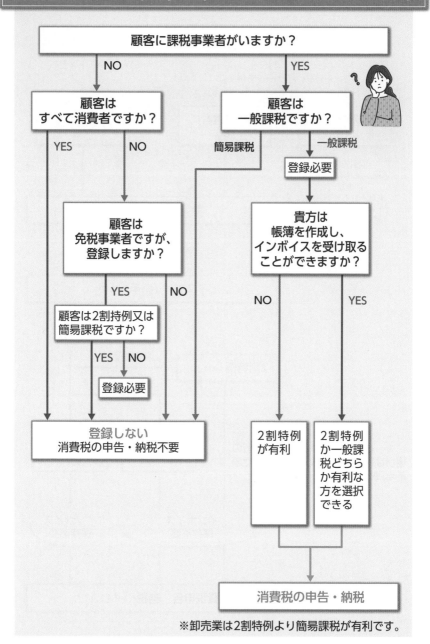

顧客に課税事業者がいますか？

NO → 顧客は すべて消費者ですか？

YES → 顧客は 一般課税ですか？

顧客は すべて消費者ですか？
- YES
- NO → 顧客は 免税事業者ですが、登録しますか？
  - YES → 顧客は2割持例又は 簡易課税ですか？
    - YES
    - NO → 登録必要
  - NO

顧客は 一般課税ですか？
- 簡易課税
- 一般課税 → 登録必要 → 貴方は 帳簿を作成し、インボイスを受け取る ことができますか？
  - NO → 2割特例 が有利
  - YES → 2割特例 か一般課 税どちら か有利な 方を選択 できる

登録しない
消費税の申告・納税不要

消費税の申告・納税

※卸売業は2割特例より簡易課税が有利です。

プロローグ

1. インボイス制度、ざっくりどんなもの？

インボイス制度は、ざっくり次のような制度です。

① 請求書や領収書は、**登録番号の記載があるインボイス**と、インボイスではない書類に分かれます。
② 消費税の申告で仕入税額控除をするためには、仕入先から受け取っ**たインボイスの保存が必要**です。
③ インボイスの発行は、**課税事業者限定の登録制**です。

2. インボイスって、なに？

インボイス制度が開始するまでは、仕入税額控除の要件を満たすために保存する請求書等は、次の事項が記載された請求書や領収書などの書類とされています。

軽減税率が適用されるものを区分することから「区分記載請求書等」と呼ばれています。

区分記載請求書等の記載事項
① 売手の名称
② 取引年月日
③ 取引の内容（軽減税率にはその旨を記載する）
④ 対価の額の合計額（税率ごとに区分して合計する）
⑤ 買手の名称

ここに**「登録番号」「適用税率」「消費税額等」**の３つの記載事項を追加するとインボイスになります。

インボイスの記載事項

❶ 売手の名称
❷ 登録番号
❸ 取引年月日
❹ 取引の内容（軽減税率にはその旨を記載する）
❺ 対価の額の合計額（税率ごとに区分して合計する）
❻ 適用税率
❼ 消費税額等
❽ 買手の名称

御請求書

11月分　131,200円

❽ 株式会社△△御中

❶ ○○商店株式会社
❷ 登録番号　T1234567890123
令和○年11月30日

日付	品名	金額
❸11月1日	❹ キッチンタオル	8,000
11月2日	魚※	7,800
11月3日	ジュース※	11,000
11月4日	ビール	8,000
⋮	⋮	⋮
会計	120,000　消費税	11,200
❻ 8%対象	❺40,000　❼消費税	3,200
10%対象	80,000　消費税	8,000

❹ ※　軽減税率対象

　これまで、仕入税額控除の要件を特に意識していなくても、商品を販売した場合や報酬を受け取る場合には、区分記載請求書等を当たり

前に交付していたでしょう。もちろん免税事業者も交付しています。多くの場合、内容がわかりやすいように「適用税率」や「消費税額等」も記載されています。

したがって、区分記載請求書等と**インボイス**の決定的な違いは、「登録番号の記載があるかどうか」ということになります。

3. インボイス制度で利益が減る?!

インボイス制度の基本は、**課税事業者が行う事業者登録です。**

課税事業者は、税務署に登録をして、請求書等に登録番号を記載するという事務負担が増えることになります。

ただし、インボイス制度への変更によって存続の危機にさらされるのは、免税事業者です。免税事業者は登録ができないので登録番号を記載したインボイスの交付*ができません。そのため**免税事業者からの仕入れは、仕入税額控除ができず、控除できない税額は買手の費用**になってしまいます。

*インボイス制度対応の請求書や納品書を発行することを、「インボイスの交付」といいます。

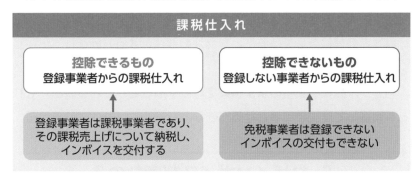

課税仕入れ

控除できるもの 登録事業者からの課税仕入れ	控除できないもの 登録しない事業者からの課税仕入れ
↑	↑
登録事業者は課税事業者であり、その課税売上げについて納税し、インボイスを交付する	免税事業者は登録できないインボイスの交付もできない

これまで、区分記載請求書等保存方式においては、国に入るはずの税収が、納税義務の免除によって事業者の利益となっていました。**消費税を上乗せしている場合は納税しない売手が利益を享受し、上乗せ**

していない場合は仕入税額控除をする買手が利益を享受していたことになります。**インボイス制度が始まると、その利益はなくなります。**

　消費税を上乗せしているかどうかは、外税で本体価格に別途追加している場合は明らかですが、消費税の上乗せを考慮した税込価額を設定している場合もあり、確認が必要です。

　ただし、通常は、買手が自ら進んで利益を手放すとは考えにくいと思われます。

　これまでの価格設定や取引の状況にもよりますが、インボイス制度が始まると、免税事業者は、「登録をしなければ値下げによって利益を減らし、登録すれば納税によって利益を減らす」ということになりそうです。

4. 免税事業者のままで事業を続けられるのか？

　免税事業者は、今後、**仕入税額控除をできないという理由、またインボイスが交付される仕入れと区別する事務の手数がかかるという理由**から、**消費税等相当額の値引きの交渉をされる可能性**、あるいは、**受注や販売ができなくなる可能性**があります。すでに、インボイス発行事業者の登録をしていることを発注の要件とする方針を打ち出している企業もあります。

　自分が、**免税事業者のまま事業を継続することができるのか、それとも登録して課税事業者となるべきか、見極めなければなりません。**

5. なぜインボイス制度なの？

　消費税は、令和元年10月の税率引上げのために軽減税率を導入し、**複数税率制度**となりました。そのため、**売手と買手が税率を一致させ**

るために、インボイスが必要となったのです。税務署は、インボイスに記載された登録番号によって発行者を確認することができます。

　ただし、軽減税率もインボイス制度も、共に事業者の負担を増やすものです。同時に開始することはできないと判断され、インボイス制度は、軽減税率の導入から4年後に実施することとされました。

　その令和5年10月1日が目前に迫っています。

　「軽減税率さえなければ……」とこみあげるものがありますが、嘆いてばかりはいられません。しっかりと対応するために制度を正しく理解しましょう。

I

「消費税」
「インボイス制度」
基本の仕組みを
知ろう

1. 所得税・法人税は利益に課税される

　会社や組織に雇用されず、**独立して事業を行う人を個人事業者といいます。**その職種は様々です。お店を構えて行う商品の販売、美容室やネイルサロン、弁護士等の専門職事務所、工芸品や製品の製造、フリーのインストラクターやプログラマー、デザイナーやライターなどのクリエイター、建設現場に赴くひとり親方……。

　個人事業者の所得には所得税が課税されます。

　事業は、会社を設立して法人形態で行うこともできます。会社の所得には法人税が課税され、会社から受ける給与には所得税が課税されます。

　所得税・法人税が課税する「所得」の基本は、利益です。

　所得とは、所得税法・法人税法に定められたルールにしたがって算出した利益です。

2. 消費税は課税売上げと課税仕入れによって計算する

　消費税の計算方法は利益の計算とは違っていて、収入や経費であっても、消費税が課税されないものは除外されます。例えば、給料を支払っても消費税の計算上はなかったことになり、土地の譲渡及び貸付け、医療や学校教育、利子や保険料、住宅の貸付けなどは非課税であり消費税が課税されません。また、輸出取引等は輸出免税とする取扱いもあります。

　ただし、課税されないのはごく限られた分野ですから、ほとんどの事業者は、**収入のすべてが課税売上げに、**給料や保険料を除く**経費の多くが課税仕入れに**該当することになります。

　課税売上げについては**消費税を受け取り、**課税仕入れについては**消**

費税を支払うことを前提に、**売上げに係る税額から、仕入れに係る税額を控除して、納付税額を算出**します。計算方法は後の項で説明します。

3. 消費税の税率は何％？

　消費税の税率は10％[1]です。

　酒類と外食を除く飲食料品の販売と定期購読契約の新聞の販売には、8％[2]の軽減税率が適用されます。

4. 消費税を申告する人、負担する人

　消費税の仕組みは、「最終消費者が負担する消費税額を**各事業者が手分けして申告納付する**」という考え方です。消費者は負担しますが申告納税はしません。

　事業者は、物の販売やサービスの提供を行うときに、その売上げに消費税を上乗せして受け取ります。受け取った消費税から仕入れのときに支払った消費税額を控除した差額を納税します。

1　10％には2.2％の地方消費税が含まれています。

2　8％には1.76％の地方消費税が含まれています。

　各事業者の納付税額の合計額は、消費者が負担した消費税の額と一致します。

　売上げに消費税を上乗せすれば、消費税は最終消費者が負担することになります。

　しかし、事業は価格競争の中で行うものであり、売上げに消費税を上乗せすることができなければ、事業者は利益を削って納税することになります。

5. すべての事業者が申告するわけじゃない

　すべての法人と個人事業者は、原則として、消費税の申告納税を行う義務があります。ただし、課税売上高が1,000万円以下である小規模事業者は、申告のための事務負担に耐えられないと考えられ、納税義務を免除する（申告納税をしなくても良い）事業者免税点制度が設けられています。この制度はインボイス制度導入後も変更はありません。

　納税義務が免除される事業者を免税事業者といいます。

課税事業者	免税事業者
納税義務が免除されない事業者 ※小規模事業者でも、税務署に届出をして課税事業者となることができる	次のすべてに該当すると納税義務が免除される ① 基準期間[3]における課税売上高が1,000万円以下 ② 特定期間[4]における課税売上高が1,000万円以下 ③ 課税事業者を選択するなど、免税事業者でなくなる特例の適用を受けない

3　基準期間とは、個人事業者の場合は前々年、法人の場合は前々事業年度をいいます。

4　特定期間とは、個人事業者の場合は前年1月1日から6月30日までの期間、法人の場合は前事業年度上半期6か月間、をいいます。

6. 仕入税額控除って、なに？

　課税事業者が納付税額を計算するときに、**売上税額から控除する仕入税額を「控除対象仕入税額」といい、控除することを「仕入税額控除」といいます。**

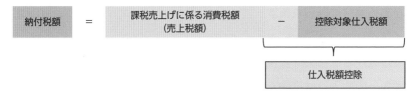

　控除対象仕入税額の計算方法の原則は、一般課税です。一般課税は、**課税仕入れの事実を証明する帳簿とインボイスの保存を仕入税額控除の適用要件**（仕入税額控除できるための要件）としています。一般課税では、設備投資など多額の課税仕入れによって控除対象仕入税額が売上税額よりも大きくなることがあります。その場合は、還付申告をすることができます。

　また、中小規模の事業者には、簡易課税制度や2割特例があります。

区分	控除対象仕入税額の計算方法		
	一般課税	簡易課税	2割特例
計算方法	現実に行った課税仕入れ等の支払額に基づいて控除額を計算する方法	売上税額に90%〜40%の「みなし仕入率」をかけて控除額を計算する方法	売上税額に80%をかけて控除額を計算する方法
適用要件等	・帳簿及び請求書等が必要 ・請求書等は、インボイスでなければならない	・事前の届出が必要 ・基準期間の課税売上高5,000万円以下が要件 ・帳簿及び請求書等の保存は不要	・インボイス開始から3年間の期間限定 ・免税事業者が登録した場合に限定 ・帳簿及び請求書等の保存は不要

7. インボイスを保存して仕入税額控除

インボイス制度は、事業者登録制度を基礎とする消費税の仕組みです。

仕入税額控除は、**原則として、仕入先が税務署に登録をした事業者である場合に限られます**。仕入先が登録しているかどうかは、**インボ イス**を受け取ることによって確認します。

登録ができるのは課税事業者です。したがって、免税事業者や消費者からの仕入れは控除できません。買手が**仕入れの消費税を支払っていても、売手からインボイスを受け取ることができなければ、買手は仕入税額控除ができないのです**。

ただし、簡易課税（27頁参照）又は2割特例（30頁参照）では、実際の課税仕入れに関係なく控除対象仕入税額を計算します。したがって、帳簿及び請求書等の保存は必要ありません。

8. 登録するとインボイスの交付と保存が義務になる

税務署に申請して登録をした事業者をインボイス発行事業者といいます。

インボイス発行事業者は、インボイスの交付（発行すること）ができます。課税事業者である買手から求められた場合には、インボイスを交付することが法律上の義務になります。

また、自分が交付したインボイスの写しを保存する義務もあります。

Question 1

消費税は、だれが納税するのですか。

A　**(1)　消費者が負担する**

　「消費税は消費者が負担する税」であるとされています。したがって、政府が消費税率の引上げを提案すると、「庶民の生活が苦しくなる」「年金生活者や子育て世帯に厳しい」「税率を上げることより税金の無駄使いをチェックせよ」といった意見が新聞にあふれることになります。

(2)　申告するのは事業者

　ただし、消費者が直接税務署に申告納税することはありません。**消費者はモノを買うときに代金にあわせて消費税を支払い、これを受け取った事業者が申告書を作成・提出して納付します。**このように税を負担する人と申告書を提出する人が違っていることを前提とする税を「間接税」といいます。

(3)　消費税を上乗せすることができなくても

　売上代金に消費税を上乗せすることができなかったらどうなるのでしょう。たとえ現実に上乗せができなくても、事業者が納付する税額は、課税売上げには消費税が含まれているものとして計算することになります。

消費者が直接税務署に申告納税することはありません。消費税を受け取った事業者が申告します。

Question 2

消費税は、業種によって違いがありますか。

A　消費税は、日本国内で行われるすべての取引に等しく課税することを原則としていて、「シンプル イズ ベスト」が基本の考え方です。

　ただし、多くの特例が設けられていて、複雑になっています。例えば、次のようなものです。

・土地の譲渡、利子や保険料、医療、教育、社会福祉、住宅の貸付けなど、**非課税**がある

・輸出取引等は**免税**になる

・飲食料品の販売（酒類の販売と外食を除く）と定期購読の新聞には**軽減税率**が適用される

　これらの適用は、取引ごとに個々に判断するものですが、医業、社会福祉事業、不動産賃貸業、輸出業、食品販売業といった整理をすることができ、「業種による違い」といえるでしょう。

　なお、免税事業者の判定の基準となる基準期間における課税売上高に、免税売上高は含まれますが、非課税売上高は含まれません。

消費税がかかる取引とかからない取引があり、軽減税率の適用が主となる業種もあります。

Question 3

個人事業は、いつ申告するのですか。

A 　個人事業者は、所得税と同じ暦年で、 1 月 1 日から12月31日までの期間が一つの課税期間[5]となります。

　所得税の申告期限は翌年 3 月15日ですが、消費税はそれよりも遅い 3 月31日が申告期限となっています。

　納付の期限も 3 月31日ですが、振替納税を利用すると 4 月下旬が振替日となります。振替納税は税務署に申し込んでください。

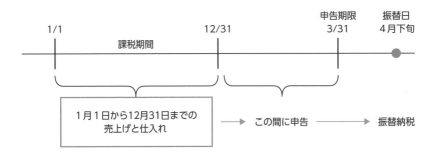

　免税事業者が令和 5 年10月 1 日に登録した場合は、10月 1 日から12月31日までの売上げと仕入れを基に計算します。

消費税の申告期限は翌年 3 月31日です。所得税とは別に申告書を作成します。

5　課税期間を 3 か月ごと又は 1 か月ごとに短縮する特例があります。還付申告をする場合などに利用されています。

Question 4

令和4年に個人事業を立ち上げ、売上高は600万円でした。消費税については何の手続きもしていませんし、申告もしていません。大丈夫でしょうか。

A

（1） 免税事業者の判定は前年又は前々年の売上げによる

　納税義務が免除される小規模事業者（免税事業者）であるかどうかは、基準期間における課税売上高及び特定期間における課税売上高により判定します。

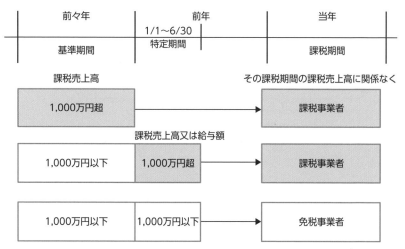

① 基準期間における課税売上高

　個人事業者の基準期間は、その年の前々年です。前々年の課税売上高が1,000万円を超えていた場合は、その年は課税事業者となります。

② 特定期間における課税売上高

　基準期間における課税売上高が1,000万円以下であっても、特定期

間における課税売上高が1,000万円を超えていた場合は、その年は課税事業者となります。個人事業者の特定期間は、その年の前年1月1日から6月30日までの期間です。

　特定期間については売上高に代えて支払った給与の額によることもできます。前々年の課税売上高が1,000万円以下の個人事業者が、前年半年で1,000万円の給料を払うことはほとんどありません。

　特定期間における課税売上高による判定は、設立当初から多額の課税売上高がある法人の第2期を課税事業者にすることを目的に設けられた基準です。

(2)　売上1,000万円以下でも課税事業者となる特例がある

　基準期間における課税売上高及び特定期間における課税売上高が1,000万円以下の個人事業者であっても、次に該当する場合は、課税事業者になります。

　①　登録申請書を提出してインボイス発行事業者となる場合

　②　課税事業者選択届出書を提出している場合

　③　相続により事業を承継した場合の特例に該当する場合

(3)　令和4年と令和5年は免税事業者

　個人事業者の開業年は、上記（2）の特例に該当しない限り、必ず免税事業者となります。ご質問の場合、令和4年に事業を立ち上げ、消費税について何の手続きもしていないとのことですから、令和4年は免税事業者です。

　令和4年の売上高が600万円ですから、令和5年も免税事業者になります。

Question 5

なぜ、その年ではなく、前々年の売上高で判定するのですか。

A 消費税は、事業の大きさを課税売上高によって判断します。事業規模の測定を課税売上高によって行うならば、その課税期間において生じた課税売上高を見るべきと考えられます。

しかし、免税事業者となるかどうかは、「その課税期間」でなく、「基準期間」又は「特定期間」という過去の課税売上高により判定することとされています。

これは、①消費税の価格転嫁と②納税事務の必要性を事業者自身がその課税期間の開始前に確認する必要があるからです。

① 消費税の価格転嫁…課税事業者になれば、納税のために販売価格に消費税を上乗せしなければならない（免税事業者でも上乗せしていることも多い）
② 納税事務…課税事業者になれば、消費税の申告に必要な帳簿の記載などをしなければならない

そのため、その課税期間の開始前に確定している直近の実績である前々年の課税売上高によって判定をすることを基本としています。

ただし、前々年の売上高による判定のみであるとタイムラグが大きいことから、前年の1月1日から6月30日までを特定期間として判定に加えています。

消費税の価格転嫁と納税事務の必要性を納税する事業者自身がその課税期間の開始前に確認しておく必要があるからです。

II

「登録するか しないか」 それが問題だ

　免税事業者が課税事業者となって登録した場合、これまでなかった消費税の申告納税をしなければなりません。

- ● 登録したらいったいいくら払うのか……

- ● 登録してもインボイスなんて作れないよ……

- ● 登録しても消費税の申告書なんて作れないよ……

- ● 免税事業者のままだと消費税分の値引きをすることになるのか？

- ● 免税事業者だって仕入れの消費税を払っているじゃないか！

など、いろいろと悩ましいところです。

　課税事業者となって登録するのか、それとも登録しないで免税事業者のままでいるのか、検討するに当たって、特別ルールを確認しておきましょう。

登録しない（免税事業者のまま）場合：インボイス不要の特別ルール

① 買手は、令和11年９月末までの６年間、免税事業者からの仕入れについて８割又は５割を控除することができる

② 買手は、一定規模以下であれば令和11年９月末までの６年間、税込１万円未満はインボイスなしで控除することができる「少額特例」がある

③ 買手は、自動販売機特例などインボイス不要の取引がある。

登録する（課税事業者になる）場合：登録する場合の特別ルール

① 簡易課税制度を選択することができる

② 令和８年分まで、実際の課税仕入れにかかわりなく、**売上税額の２割を納付税額とする**ことができる「２割特例」がある

③ 令和６年以後は**２年間は継続して申告しなければならない**「２年縛り」がある

1. インボイス不要の特別ルール

特別ルール① 　免税事業者からの仕入れは**8割控除できる**

（1）　3年間は8割控除・次の3年間は5割控除の特例

　インボイス制度の導入後6年間は、免税事業者からの課税仕入れについて、次の割合で仕入税額控除ができる**特例があります**。

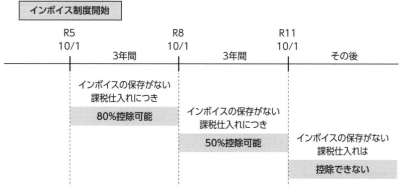

インボイス制度開始

| R5 10/1 | R8 10/1 | R11 10/1 |

　以下、**この特例を「8割・5割控除」といいます**。

（2）　帳簿の記載が必要

　この特例の適用を受けるためには、帳簿に、例えば、「8割控除対象」、「免税事業者からの仕入れ」など、特例の適用を受ける課税仕入れである旨を記載しておかなければなりません。

（3）　請求書の保存が必要

　インボイスの保存に代えて、**区分記載請求書等の保存**が必要です。

　区分記載請求書等とは、①～⑤の記載のある請求書や領収書です。

区分記載請求書等の記載事項
①　売手の名称
②　取引年月日
③　取引の内容
④　対価の額の合計額
⑤　買手の名称

(4) なぜ特例を作ったの？

「8割・5割控除」の特例は、**免税事業者に対するインボイス制度の影響を緩和し、課税事業者への転換の必要性を見極めながら対応を検討する期間を確保**することを目的としています。

しかし、この特例によっても、控除できない部分の**税額は買手のコスト**になり、これまでの利益を確保するためには、**その部分の値下げ要請を行う必要が出てきます。**また、インボイスのある**課税仕入れと区分する経理処理の手数がかかる**ことは解消されません。

筆者の事務所には「経理処理が煩雑になるので特例を放棄します」というクライアントもいて、その背景には、「今後、できるだけ免税事業者からの仕入れはしない」という経営方針があるからです。

したがって、この特例が、売手が免税事業者に留まるための強力な武器になるかどうかは未知数です。

特別ルール②　一定規模以下の事業者には少額特例

(1) 6年間は少額特例

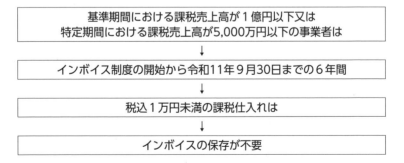

基準期間における課税売上高が1億円以下又は 特定期間における課税売上高が5,000万円以下の事業者は
↓
インボイス制度の開始から令和11年9月30日までの6年間
↓
税込1万円未満の課税仕入れは
↓
インボイスの保存が不要

となり、帳簿の保存のみで仕入税額控除の要件を満たすことができます。

1万円の判定は、一商品ごとの金額ではなく、**一回の取引の合計額**

が税込１万円未満であるかどうかにより判定します。

例1	9,000円の商品と8,000円の商品を同時に購入した場合は、合計17,000円（１万円以上）の課税仕入れとなります。
例2	月額20万円（稼働日21日）の外注は、約した役務の取引金額によることになります。月単位の取引と考えられ、月単位で20万円（１万円以上）の課税仕入れとなります。

　１回の売上代金が１万円未満である場合は、令和11年９月30日までの６年間は、買手が課税事業者であっても、インボイスの交付を求められない可能性があります。

(2)　なぜ特例を作ったの？

　そもそもインボイス制度は、消費税が複数税率になったことから、適用される税率を明らかにするために導入されました。このような趣旨からすると、少額であることを理由にインボイスの保存を不要とすることは適切ではないと考えられています。

　しかし、インボイス制度の定着までは中小事業者の事務負担を軽減する施策が必要だという意見も多く、特例を設けることとなりました。

　課税売上高１億円は、全事業者の90.7％、インボイス導入前の課税事業者の76.1％をカバーする水準であり、取引額１万円は、クレジットカードの平均決済単価およそ5,000円をカバーするとされています。

特別ルール③　自動販売機などインボイス不要の取引がある

　インボイスの受渡しが難しいと考えられる取引形態について、売手のインボイス交付義務を免除する特例や、買手がインボイスの保存をせず帳簿の記載のみで仕入税額控除をすることができる特例が設けられています。８割控除ではなく全額控除で、期間の限定もありません。

　ごく限られた取引なので該当することはめったにありませんが、**自動販売機での販売だけを行っている場合や農協の無条件委託を利用している農家など、該当すればラッキーです。インボイス発行事業者の登録をする必要はありません。**

取　引	売手の インボイス	買手の 仕入税額控除
① 3万円未満の公共交通機関による旅客の運送（公共交通機関特例） ② 郵便切手類を対価とする郵便サービス（郵便局特例） ③ 3万円未満の自動販売機による商品の販売等（自動販売機特例）	交付義務免除	インボイス 不要(※)
④ 卸売市場に委託して行う生鮮食料品等の販売（卸売市場特例） ⑤ 無条件委託・共同計算方式で農協等に委託して行う農林水産物の販売（農協特例）		農協や卸売業者が交付する書類を保存
⑥ 入場券等が使用の際に回収される入場料等	簡易インボイスを交付して回収	インボイス 不要(※)
⑦ 従業員等に支給する通常必要と認められる出張旅費・通勤手当等 ⑧ 古物商が行うインボイス発行事業者以外からの古物（棚卸資産）の購入 ⑨ 質屋が行うインボイス発行事業者以外からの質物（棚卸資産）の購入 ⑩ 宅地建物取引業者が行うインボイス発行事業者以外からの建物（棚卸資産）の購入 ⑪ インボイス発行事業者以外からの再生資源等（棚卸資産）の購入	インボイス発行事業者でない	

※ 帳簿に①～③、⑥～⑪のいずれに該当するかを記載します。また、③と⑥、⑧⑨⑩のうちそれぞれの業法で帳簿に売手の住所の記載が必要とされる取引については、売手の住所を記載します。

2. 登録する（課税事業者になる）場合の特別ルール

特別ルール①　簡易課税制度で納税額が減るかも

　免税事業者は、一般に、経費率が低いためインボイス発行事業者の登録をした場合に、一般課税よりも**簡易課税制度が有利**になることが多いのです。

　例えば、プログラマーやデザイナーなどは棚卸資産の課税仕入れがありません。簡易課税制度を選択した場合、サービス業に分類され、たとえ実際の課税仕入れがなくても、**納付税額は売上税額の50％相当額**となります。

（1）　簡易課税は売上税額から控除対象仕入税額を計算する

　簡易課税制度は、**売上税額にみなし仕入率を適用して控除対象仕入税額を計算する方法**です。実際の課税仕入れ等を計算の基礎としないので、**帳簿及び請求書等の保存の要件はありません。**

簡易課税制度による控除対象仕入税額	=	売上税額	×	事業区分ごとのみなし仕入率

事業区分		みなし仕入率	税抜売上高に対する納付税額の率
第1種事業：	卸売業	90%	1%（0.8%）※
第2種事業：	小売業、飲食料品の譲渡を行う農林漁業	80%	2%（1.6%）※
第3種事業：	農林漁業（飲食料品の譲渡以外）、鉱業、建設業、製造業、電気業、ガス業、熱供給業及び水道業	70%	3%（2.4%）※
第5種事業：	運輸通信業、金融業及び保険業、サービス業（飲食店業以外）	50%	5%
第6種事業：	不動産業	40%	6%
第4種事業：	飲食店業及び上記以外の事業	60%	4%

※　（　）内は、軽減税率が適用される場合です。

(2) 適用の要件は2つ

簡易課税制度の適用は、事前の届出が必要です。

次の2つの要件を満たすと、適用されます。

① その課税期間が開始する前に簡易課税制度選択届出書を提出している
② 基準期間における課税売上高が5,000万円以下である

第9号様式

消費税簡易課税制度選択届出書

収受印

令和 ● 年 ■ 月 ▲ 日	届出者	（フリガナ）	トウキョウト○○ク△△　□-□
		納税地	（〒　　－　　　　） 東京都○○区△△　□-□ （電話番号　03 － 1111 － 1111 ）
		（フリガナ）	コクゼイ　タロウ
		氏名又は 名称及び 代表者氏名	※個人の方は個人番号の記載は不要です。 　国税　太郎
▼▼　税務署長殿		法人番号	

次頁の(3)②③の特例の適用を受ける場合はチェックをする

個人事業者の場合は不要

下記のとおり、消費税法第37条第1項に規定する簡易課税制度の適用を受けたいので、届出します。

☐ 　所得税法等の一部を改正する法律（平成28年法律第15号）附則第51条の2第6項の規定又は消費税法施行令等の一部を改正する政令（平成30年政令第135号）附則第18条の規定により消費税法第37条第1項に規定する簡易課税制度の適用を受けたいので、届出します。

①	適用開始課税期間	自 令和 5 年 1 月 1 日　　至 令和 5 年 12 月 31 日	
②	①の基準期間	自 令和 3 年 1 月 1 日　　至 令和 3 年 12 月 31 日	
③	②の課税売上高		XXXX 円

該当しない場合は「いいえ」にチェック（ほとんどの場合該当しないでしょう）

事業内容等	（事業の内容）		（事業区分） 第　　種事業

提出要件の確認	次のイ、ロ又はハの… （「はい」の場合のみ、イ、ロ又はハの項目を記載してください。）			はい ☐　いいえ ☐
	イ	消費税法第9条第4項の規定により課税事業者を選択している場合	課税事業者となった日	令和　　年　　月　　日
			課税事業者となった日から2年を経過する日までの間に開始した各課税期間中に調整対象固定資産の課税仕入れ等を行っていない	はい ☐
	ロ	消費税法第12条の2第1項に規定する「新設法人」又は同法第12条の3第1項に規定する「特定新規設立法人」に該当する（該当していた）場合	設立年月日	令和　　年　　月　　日
			基準期間がない事業年度に含まれる各課税期間中に調整対象固定資産の課税仕入れ等を行っていない	はい ☐
	ハ	消費税法第12条の4第1項に規定する「高額特定資産の仕入れ等」を行っている場合（同条第2項の規定の適用を受ける場合）	A	仕入れ等を行った課税期間の初日	令和　　年　　月　　日
				この届出による①の「適用開始課税期間」は、高額特定資産の仕入れ等を行った課税期間の初日以後3年を経過する日の属する課税期間までの各課税期間に該当しない	はい ☐
		仕入れ等を行った資産が高額特定資産に該当する場合はAの欄を、自己建設高額特定資産に該当する場合は、Bの欄をそれぞれ記載してください。	B	仕入れ等を行った課税期間の初日	○平成 ○令和　　年　　月　　日
				建設等が完了した課税期間の初日	令和　　年　　月　　日
				この届出による①の「適用開始課税期間」は、自己建設高額特定資産の建設等に要した仕入れ等に係る支払対価の額の累計額が1千万円以上となった課税期間の初日から、自己建設高額特定資産の建設等が完了した課税期間の初日以後3年を経過する日の属する課税期間までの各課税期間に該当しない	はい ☐

※ 消費税法第12条の4第2項の規定による場合は、ハの項目を次のとおり記載してください。
1 「自己建設高額特定資産」を「調整対象自己建設高額資産」と読み替える。
2 「仕入れ等を行った」は、「消費税法第36条第1項又は第3項の規定の適用を受けた」と、「自己建設高額特定資産の建設等に要した仕入れ等に係る支払対価の額の累計額が1千万円以上となった」は、「調整対象自己建設高額資産について消費税法第36条第1項又は第3項の規定の適用を受けた」と読み替える。

※ この届出書を提出した課税期間が、上記イ、ロ又はハに記載の各課税期間である場合、この届出書提出後、届出を行った課税期間中に調整対象固定資産の課税仕入れ等又は高額特定資産の仕入れ等を行うと、原則としてこの届出書の提出はなかったものとみなされます。詳しくは、裏面をご確認ください。

参考事項		
税理士署名		（電話番号　　　－　　　－　　　）

自社で作成する場合は空欄でよい

※税務署処理欄	整理番号		部門番号				
	届出年月日	年　月　日	入力処理	年　月　日	台帳整理	年　月　日	
	通信日付印 　年　月　日	確認	番号 確認				

注意　1．裏面の記載要領等に留意の上、記載してください。
　　　2．税務署処理欄は、記載しないでください。

(3) 事前届出制の例外がある

　簡易課税制度選択届出書は、適用する課税期間が始まる前に提出する必要がありますが、次の場合には、その提出した課税期間から適用することができる届出特例があります。

① 事業を開始した日の属する課税期間中に提出する場合
② 免税事業者が登録した課税期間中に提出する場合
③ ２割特例を適用した翌課税期間中に提出する場合

(4) 選択すると２年間はやめられない

　簡易課税制度の適用をやめたいときは、やめたい課税期間が始まるまでに簡易課税制度選択不適用届出書を提出します。

　ただし、原則として、２年間（適用開始の課税期間の初日から２年を経過する日の属する課税期間まで）継続して適用することとされています。

特別ルール② 「２割特例」は今年の改正の目玉デス

(1) 売上税額の２割相当額を納税することができる

　２割特例とは、令和８年分の申告まで[6]、免税事業者がインボイス発行事業者の登録によって課税事業者となる場合に、売上税額の２割相当額を納付税額とすることができる特例です。

　簡易課税のみなし仕入率を業種にかかわらず80％として控除対象仕入税額を計算するのと同じであり、卸売業と小売業以外は、先に述べた簡易課税制度よりも有利になります。

$$控除対象仕入税額 = 売上税額 \times 80\%$$

6　法人は、令和８年９月30日の属する事業年度（課税期間）までとなります。

(2)　事前届出等の手続きはありません！

　簡易課税制度と違って、事前の届出等の手続きは不要です。**消費税の申告書を作成する段階で選択すればよいの**です。また、継続適用等は求められませんから、課税期間ごとに選択することができます。

　すでに**簡易課税制度選択届出書を提出していても、申告書に記載すれば2割特例を選択することができます。**

簡易課税制度と2割特例の比較

	簡易課税制度	2割特例
届出	選択・不適用の届出が必要	届出手続きなし(申告書に記載する)
継続	2年間の継続適用あり	継続適用なし
事業区分	売上げを6つの事業に区分する	みなし仕入率は一律80%
期間	期間の限定なし	令和8年分までの期間限定
税額計算	現実の仕入れにかかわらず売上税額から納付税額を計算	
保存	仕入れについて帳簿及び請求書等の保存不要(所得税の計算では必要)	

(3)　適用は課税期間ごとに判定する

　2割特例の適用は、**課税期間ごとに判定**します。2割特例は、**免税事業者が、インボイス発行事業者の登録により課税事業者になった場合に適用**されます。登録と関係なく事業者免税点制度の適用を受けないこととなる場合には適用がありません。

　また、課税期間を1か月又は3か月に短縮する特例の適用を受ける場合についても、2割特例の適用はできません。

２割特例の対象とならない課税期間（個人事業者）[7]		
①	基準期間における課税売上高が1,000万円を超える課税期間	
②	特定期間における課税売上高が1,000万円を超える課税期間	
③	次の特例により課税事業者となる課税期間	
	イ　相続があった場合の特例（相続があった年については登録日の前日までに相続があった場合）	
	ロ　調整対象固定資産又は高額特定資産を取得した場合等の特例	
④	課税期間を短縮する特例の適用を受ける課税期間	
⑤	上記の他、課税事業者選択届出書の提出により令和５年10月１日前から引き続き課税事業者となる課税期間	

(4)　なぜ特例を作ったの？

　２割特例は、売手が課税事業者となった場合の８割控除であり、「８割・５割控除」とのバランスを図るものです。免税事業者が課税転換するための強力な支援策として、令和５年度税制改正において設けられました。

　日本商工会議所のヒアリング調査[8]では、免税事業者（BtoB）が課税転換する際の課題として、62.0％が「消費税負担により資金繰りが厳しくなる」、44.8％が「消費税分の価格転嫁が難しく、利益が減少する」と回答しています。

　２割特例によれば、当面は消費税率10％の満額を価格転嫁する必要はありません。**1.8％の値上げができれば、従前の利益を確保することができます。**

　ただし、２割特例は令和８年までの経過措置ですから、それまでには10％満額の消費税を受け取るようにしたいですね。早めに実現す

7　法人は、新設法人の特例や合併をした場合の特例などの適用がある場合等も対象外となります。

8　出典：「『消費税インボイス制度』と『バックオフィス業務のデジタル化』等に関する実態調査」（2022年９月８日、日本・東京商工会議所）８頁。

ればそれだけ手取り収入が増えることになります。

　消費税を受け取っていた免税事業者であれば、コストが1.8％増加するのみであると考えることができます。

適用税率	売上税額に対する納付税額の割合	税抜売上高に対する納付税額の割合	税込売上高に対する納付税額の割合
標準税率 10％	20％	2.0％	約1.8％
軽減税率 8％		1.6％	約1.5％

特別ルール③ 「2年縛り」で免税事業者に戻れない

　免税事業者が登録すると、登録の日から2年を経過する日の属する課税期間まで申告をしなければ免税事業者に戻れないという「2年縛り」のルールがあります。

　ただし、令和5年中に登録する場合は2年縛りはありません。

令和5年10月1日に登録した場合

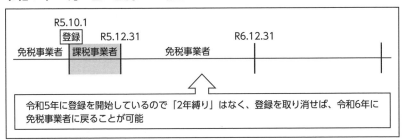

　令和6年以後に新たに登録する場合は、登録開始日から2年を経過する日の属する課税期間までの間は、継続して課税事業者として申告するものとされています。

令和6年1月1日に登録した場合

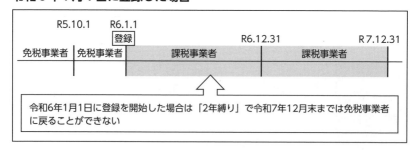

3. 国税庁のＷｅｂサイトに公表される

（1） インボイス発行事業者の公表

　インボイス発行事業者は、**国税庁ホームページのWebサイトに公表されます。**（適格請求書発行事業者公表サイト

https://www.invoice-kohyo.nta.go.jp/）

個人事業者が登録した場合に公表サイトに表示される事項

必ず公表される	本人からの申出により公表される
① 氏名 ② 登録番号 ③ 登録年月日 ④ 登録取消年月日・登録失効年月日	● 氏名は旧姓・通称の使用が可能 ● 屋号を公表できる ● 事務所や店舗の所在地を公表できる

（2） 氏名は旧姓・通称の使用が可能

　個人事業者は、申出書（適格請求書発行事業者の公表事項の公表申出書）の提出により、次の情報を公表することができます。

① 「住民票に併記されている旧氏（旧姓）」を氏名として公表することや、氏名と旧姓を併記して公表することができる

② 外国人は、「住民票に併記されている外国人の通称」を氏名として公表することや、氏名と通称を併記して公表することがで

きる

③　「屋号」を公表することができる

④　「事務所や店舗の所在地」を公表することができる

（3）　検索機能

　公表サイトでは、**登録番号によりインボイス発行事業者を検索する**ことができます。

　個人事業者は、氏名や名称などは、表記可能な字体に置き換えを行っている場合や同姓同名の場合など、正しく検索できない可能性もあるため、「登録番号」以外では検索できません。

　法人は、法人番号を検索する機能が付加されているので、名称や所在地による検索ができます。

（4）　公表期間

　公表サイトでは、過去に行われた取引についても取引時点での取引先の登録状況を確認できるよう、登録の取消や失効があった事業者も、**取消・失効後7年間は掲載され、**7年経過後に削除されます。

4. 登録するか否かの判断のポイント

　上記の特例を踏まえ、登録するかどうかを判断します。

　まずは、買手（売上先）との契約の内容、取引の状況を確認して整理しましょう。

（1）　余人に代えがたい強みがあるか

　価格は需要と供給の関係で決まります。提供する商品や技術に希少性があり、他に代えることができなければ、買手は控除できない消費

税相当額を払ってでも、取引を続けようとするでしょう。

　また、人手不足や供給不足といった理由で、インボイスの交付をしないでも取引価格を維持する交渉ができるケースも考えられます。

（2）　顧客がインボイスを必要としない場合もある

　顧客が消費者、免税事業者、２割特例又は簡易課税を適用する課税事業者である場合は、インボイスの交付を求められないと考えられます。

　また、１回の売上代金が１万円以下で、顧客が少額特例の要件に該当する中小事業者である場合は（24頁参照）、インボイスの交付を求められない可能性があります。

（3）　免税事業者であることを告白してもいいのか

　インボイスを交付しないということは、自らが消費税の申告納税を行わない免税事業者であること、すなわち、**年間の売上高が1,000万円以下であると告白することになる**のです。

　職種や取引の内容、契約に至る経緯、これまでの交渉など、告白できない場合も想定されます。一度告白すると後戻りはできません。インボイス制度が開始してから状況を見極めた上で登録するという考え方もありますが、告白するかどうかは、インボイス制度の開始前に結論を出さなければなりません。

（4）　ある程度の規模の企業はインボイスが必要

　買手（売上先）が、ある程度の規模の企業であれば、課税事業者で、簡易課税制度等の適用がなく、少額特例の要件にも該当せず、**仕入税額控除のためにインボイスの交付を必要とする**でしょう。

　免税事業者からの仕入れは、控除できない税額がコストになります。

また、インボイスが交付される課税仕入れと区分する**事務作業も必要**になります。

(5)　免税事業者のままなら値下げ交渉をされる

　買手がインボイスを必要とする場合において、売手が免税事業者のまま登録しないときは、これまでの支払額を継続すれば**控除できない税額が買手のコストになり利益を減少させる**ことになります。**消費税等相当額の値下げをすれば売手の利益が減少**します。売手・買手どちらかの利益が必ず減少するのです。

売手が免税事業者のまま登録しない場合	インボイス導入前の支払額を<u>維持</u>するとき →	買手の利益減少
	控除できない消費税等相当額を<u>減額</u>するとき →	売手の利益減少

　(1) の余人に代えがたい強みがある場合を除いて、免税事業者のままで値下げをせずに価格を維持するのは難しいと考えるのが賢明です。

　買手は、インボイスを受け取らなければ確実に利益を減らすことになるのですから、その分だけ値下げをしてほしいと考えます。本体価格に外税で消費税等を上乗せしている場合はもちろん、消費税込みの内税という価格設定になっている場合も含めて、これまで消費税を受け取っていたのなら、値下げ交渉を覆すのは困難でしょう。

　免税事業者が、免税事業者であることを理由に他の課税事業者に比べて消費税相当額だけ少ない売値を設定していた場合は、「もともと消費税をもらっていないのだからインボイス制度になっても値下げの理由はない」と言いたいところです。ただし、この場合であっても、買手は、これまでしていた仕入税額控除ができなくなるという事情を抱えています。価格を据え置いたままで取引量の現状維持ができると

楽観することはできません。

(6)　登録した場合に新たに消費税額を加算してもらえるか

　それでは、免税事業者である売手が登録して課税事業者となった場合はどうでしょう。**従前の取引額を維持すれば納税する売手の利益が減少し、登録を理由に新たに消費税額を上乗せすれば、買手の利益が減少**します。やはり、**売手・買手どちらかの利益が必ず減少します。**

免税事業者である 売手が登録した場合	インボイス導入前の支払 額を<u>維持</u>するとき	→	売手の利益減少
	新たに消費税額等を<u>上乗 せ</u>するとき	→	買手の利益減少

　この場合も、もともと消費税等の支払いがあったのかを問うことになりますが、買手としては、これまで通りの支払額でこれまで通りの仕入税額控除を希望するでしょう。新たに消費税額を加算して利益を減らすくらいなら他の仕入先を検討する、という意向が働く可能性も、厳しい現実として受け止めなければなりません。

(7)　免税事業者のままで値下げをするか、登録して納税するか

　買手（売上先）がインボイスを必要とする場合、結局は、次のいずれかを選択することになるのではないでしょうか。

　　①　免税事業者を選択して消費税等相当額の値下げをする

　　②　登録することを選択して申告納税をする

　なお、**値下げについては、消費税の全額を一気に値下げするのではなく、「8割・5割控除」にあわせて3年間は8割、次の3年間は5割と、徐々に減らしていく**という提案が考えられます。

　また、登録する場合は、**令和8年までは、2割特例によって納税額を軽減する**ことができます。

月額50万円（外消費税5万円）年収660万円のサービス業である場合

①免税事業者を選択して値下げする 〇消費税等相当額は60万円 〇8割控除で12万円とする余地あり	②登録して申告納税する 〇簡易課税の納税額は30万円 〇2割特例の納税額は12万円

登録なしでOKと考えられる場合

- 提供する商品や技術の希少性、人手不足や供給不足といった理由で、インボイスの交付を求められないケースが想定される

- 顧客が消費者、免税事業者、2割特例又は簡易課税を適用する課税事業者である場合は、インボイスの交付を求められないと考えられる

- インボイス制度開始から6年間は、顧客が中小企業（基準期間における課税売上高が1億円以下等）で1回の売上代金が1万円未満なら、インボイスの交付を求められない可能性がある

↓ 免税事業者のままでいるときは

値札や領収書の表示に注意	〇請求書等に「T＋13桁の数字」といった登録番号と誤認されるような記載をすると「偽インボイス」になる 〇偽インボイスには1年以下の懲役又は50万円以下の罰金 〇消費税額等の記載がある場合には、取引額として買手の納得を得にくい

登録が必要と考えられる場合

	顧客が、課税事業者で、かつ、一般課税である場合はインボイスの交付が求められる

▼ 免税事業者が登録するときは

価格交渉	○すでに消費税を受け取っている場合は、さらなる上乗せは難しい ○消費税を受け取っていない場合は上乗せの交渉をしたい （2割特例を適用する場合、当面は1.8％の上乗せで納税を賄える）
登録手続	○令和5年10月1日に登録を受ける場合は令和5年9月末までに申請 ○インボイス制度開始後の登録は15日前の日までに申請
2割特例	○卸売業又は設備投資がある場合を除いて2割特例が有利 ・納税額は税込売上高の約1.8％（飲食料品の販売は約1.5％） ・令和8年分までの経過措置 ・適用の手続きは申告書に記載するだけ ・簡易課税制度選択届出書を提出していても申告時に選択できる
簡易課税	○卸売業は、設備投資がなければ簡易課税が有利 ○卸売業以外は、2割特例期間終了後の簡易課税適用を検討
一般課税	課税仕入れが課税売上げの8割超で帳簿とインボイスの保存ができれば一般課税が有利

簡易課税 → 届出特例：
① 登録日の属する課税期間の末日までに選択届出書を提出
② 2割特例適用の翌課税期間の末日までに選択届出書を提出
}提出課税期間から適用

Question 6

免税事業者のままでいるために必要な
手続きがありますか。

A 　**(1)　手続きは不要**
　　登録をしないで免税事業者のままでいる場合は、消費税について必要な手続きはありません。

(2)　偽インボイスの交付をしないように注意しよう

　インボイス発行事業者でない者が、インボイス発行事業者が作成した**インボイスであると誤認されるおそれのある表示をした書類（適格請求書類似書類等）を交付することは禁止**されています。

　具体的には、「Ｔ＋13桁の数字」といった登録番号と誤認されるような記載をすることはできません。

　禁止行為には、１年以下の懲役又は50万円以下の罰金という罰則が設けられています。

(3)　顧客から説明を求められたら

　登録番号の記載がないことにつき顧客から説明を求められたら、「免税事業者なのでインボイスは交付しない」と答えることになります。

インボイスは発行事業者しか交付できないので、登録番号に見える記載はできません。

Question 7

免税事業者は、請求書に消費税額を記載することができないのですか。

A **(1)　消費税額等の記載を禁止する法令はない**

　　国税庁は、報酬・料金等の源泉徴収について、「インボイス発行事業者以外の事業者が発行する請求書等において、報酬・料金等の額と消費税等の額が明確に区分されている場合には、その報酬・料金等の額のみを源泉徴収の対象とする金額として差し支えありません」と説明しています。他方で、「免税事業者は、取引に課される消費税がないことから、請求書等に『消費税額』等を表示して別途消費税相当額等を受け取るといったことは消費税の仕組み上、予定されていません」（軽減税率Ｑ＆Ａ（個別事例編）問111）というのです。

　理解するのが難しいですね。要するに、「**消費税額等の記載を禁止する法令はないけれど、記載しないほうが良い**」ということです。

(2)　消費税額等の記載は避けるべき

　登録番号の記載のない請求書等に消費税額等の記載がある場合には、取引額として買手の納得を得にくい状況となることは想像に難くありません。買手は、「なぜ納税しないのに消費税を請求するのですか」と質問したくなるでしょう。

　免税事業者は、請求書等への消費税額等の表示や消費税額等を上乗せする価格表示は避けるべきです。表示の変更は、インボイス制度の開始を待たず、なるべく早期に行いましょう。

Question 8

免税事業者を選んだ場合に、仕入れに
ついて消費税を払わなくてよい特例は
ありますか。

A 　消費税は、「モノを買う人がだれであろうと公平に負担する」
という考え方です。免税事業者は、申告納税は免除されますが、
仕入れの消費税の支払いを免除する取扱いはありません。

　課税事業者は、お客様について、消費者、免税事業者、課税事業者
などの区別なしに、その課税売上げについて消費税を受け取り、納税
します。

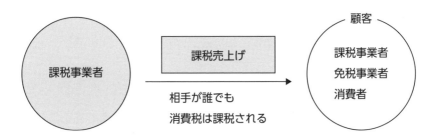

顧客

課税事業者 → 課税売上げ → 課税事業者
免税事業者
消費者

相手が誰でも
消費税は課税される

免税事業者になれば仕入れの消費税を支払わなく
てよい、ということにはなりません。

Question 9

登録をしないと、消費税分の値引きをしなければなりませんか。

A **(1) 買手は利益の減少に耐えられるのか**

　売手が課税事業者に登録しない場合には、買手は仕入税額控除ができません。これまで控除していた税額がコストになり、利益が減少することになります。**一般企業で経常利益を10％確保していれば相当業績が良いと判断しますから、控除できない消費税を払い続けるのは困難でしょう。**

　そのため、８割・５割控除の特例が設けられていますが、これを適用しても全部を控除することができるわけではなく、また、インボイスがあるものと区分する事務負担は解消されません。

(2) 課税事業者と同じ消費税をもらっていたのか

　インボイス制度施行前は、売手は、自身が免税事業者であることを告白する必要はなく、免税事業者であっても課税事業者と同じ価額を設定している例は珍しいことではありません。

　この場合には、インボイス制度の開始によって控除できないこととなる消費税等相当額（８割・５割控除を考慮した金額）を減額することも、受け入れざるを得ないのではないでしょうか。

　免税事業者であることを理由に、これまで消費税をもらっていなかったのなら、インボイス制度となっても値引きをする理由はないと考えられます。ただし、その場合であっても、買手にとってはこれま

で控除できたものができなくなるということに違いはありませんから、値下げの要請がないとは言い切れないでしょう。

(3)　下請法の対象取引：公正取引委員会は免税事業者の味方？

　公正取引委員会や中小企業庁は、価格交渉を行う場合に独占禁止法又は下請法に抵触しないよう注意喚起を行っています[9]。

　下請法の対象は、①物品の製造委託、②修理委託、③情報成果物の作成委託、④役務提供委託で、資本金の額等により［親事業者vs下請事業者］の関係が成立するものです。

　例えば、納品が完了した後に登録番号のない請求書を見て一方的に支払額を減額するといった行為は、下請法に違反する行為とされています。次頁の【事例1】を参照してください。

(4)　結局はニーズがあるかないか

　提供する商品や技術の希少性、人手不足や供給不足といった理由で、インボイスの交付をしなくても免税事業者である売手の言い値が通るケースも想定されます。

　しかし、そうでなければ、頑なに価格交渉を拒否することはできないと考えられます。買手は、控除できない消費税を払ってまで、インボイスを交付しない免税事業者との関係を続ける必要性があるのかという選択を迫られています。価格交渉が決裂すれば、他のインボイス発行事業者からの仕入れを検討するでしょう。

　互いの事情を考慮して、合意に至る努力が必要と考えられます。

9　「免税事業者及びその取引先のインボイス制度への対応に関するQ&A」（令和4年1月19日　改正：令和4年3月8日、財務省・公正取引委員会・経済産業省・中小企業庁・国土交通省）。

【事例１】
○ 「報酬総額11万円」で契約を行った。
○ 取引完了後、**インボイス発行事業者でなかったことが、請求段階で判明した**ため、下請事業者が提出してきた請求書に記載された金額にかかわらず、**消費税相当額の１万円の一部又は全部を支払わない**ことにした。

>それ、下請法違反です！
発注者（買手）が下請事業者に対して、**免税事業者であることを理由**にして、**消費税相当額の一部又は全部を支払わない行為**は、下請法第４条第１項第３号で禁止されている
「**下請代金の減額**」として問題になります。

出典：「インボイス制度後の免税事業者との取引に係る下請法の考え方」（公正取引委員会）

免税事業者のままでいると、値引き対応を迫られることは十分予想されます。

Question 10

私は、雑誌のイラストの下請けをするイラストレーターです。会社から、インボイス発行事業者の登録をしない場合は、令和5年10月以後、消費税10%分の支払をしないと通知が来ました。
8割・5割の控除があるのに10%全部の支払をしないのは納得できません。

A 　独占禁止法に照らして、課税事業者になるよう要請すること自体は問題になりませんが、それにとどまらず、「課税事業者にならなければ取引価格を引き下げる」と一方的に通告することは、問題となります。

公正取引委員会は、独占禁止法違反につながるおそれのある行為を未然に防止する観点から、令和5年5月17日に、次の事業者に注意を行ったと公表しました[10]。

注意を受けた事業者

8割・5割の控除の特例があるにもかかわらず、取引先の免税事業者に対し、免税事業者を選択する場合には消費税相当額10%分を引き下げると文書で伝えるなど一方的に通告を行った事業者

---

10 「インボイス制度の実施に関連した注意事例について」（公正取引委員会）https:www.jftc.go.jp/file/invoice_chuijirei.pdf

注意を受けた事業者の業態及び取引の相手方	
注意した事業者の業態	取引の相手方
イラスト制作作業者	イラストレーター
農産物加工品製造販売業者	農家
ハンドメイドショップ運営事業者	ハンドメイド作家
人材派遣業者	翻訳者・通訳者
電子漫画配信取次サービス業者	漫画作家

【想定事例】

○ 発注事業者（課税事業者）が、経過措置（注）により**一定の範囲で仕入税額控除が認められているにもかかわらず**、取引先の免税事業者に対し、インボイス制度の実施後も**課税事業者に転換せず、免税事業者を選択する場合**には、**消費税相当額を取引価格から引き下げると一方的に通告**した。

（注）免税事業者からの課税仕入れについては、インボイス制度の実施後 3 年間は、仕入税額相当額の 8 割、その後の 3 年間は同 5 割の控除ができることとされている。

① 文書の発出

いきなり何だろう…？

取引先A（免税事業者）

取引先B（免税事業者）

経過措置はあるけど、免税事業者だから、消費税相当額を支払う必要はないわね

発注事業者（課税事業者）

② 文書には…

通告
インボイス制度の実施後も課税事業者に転換せず、免税事業者を選択する場合には、消費税相当額を取引価格から引き下げます。

> それ、**独占禁止法上又は下請法上問題**となるおそれがあります！

発注事業者（課税事業者）が、経過措置により**一定の範囲で仕入税額控除が認められている**にもかかわらず、取引先の免税事業者に対し、**インボイス制度の実施後も課税事業者に転換せず、免税事業者を選択する場合**に、**消費税相当額を取引価格から引き下げるなどと一方的に通告**することは、独占禁止法上又は下請法上問題となるおそれがあります。

出典：「インボイス制度後の免税事業者との取引に係る下請法の考え方」（公正取引委員会）

　一方的な通告に納得できない場合は、話し合いの場を設けるように申し入れてみてはいかがでしょうか。会社が 8 割・5 割控除の特例をよく理解していない可能性もあります。

　よく話し合って、お互い納得して合意する努力が必要でしょう。

公正取引委員会は、8 割・5 割の特例を考慮せず、消費税等の全額を支払わないと一方的に通告した事業者を注意しました。

Question 11

これまで免税事業者であることを理由に消費税をもらっていなかった場合、登録すると消費税を上乗せしてもらうことができますか。

A　**（1）　下請法は一方的な単価の据置きを禁じている**

　免税事業者であることを理由に消費税を上乗せしていなかった場合において、その免税事業者が登録をして課税事業者となったときは、他の課税事業者と同等の水準に取引額を引き上げることは、正当な要求であるといえるでしょう。

　公正取引委員会は、下請法の考え方として、次頁のような事例を示しています【事例2】。

（2）　消費税をもらっていたのなら

　ご質問とは異なりますが、免税事業者であっても、課税事業者と同じ価額を設定している例は珍しいことではありません。

　かつて公正取引委員会は、消費税率10％の引上げに伴う転嫁対策特別措置法の適用について、「免税事業者であることを理由として、消費税を上乗せせず対価を定めたり、仕入れ等の諸経費に係る消費税負担分のみを上乗せして対価を定めたりすることは、合理的な理由がない限り、『買いたたき』（転嫁対策特別措置法3一後段）に該当し、違反となります」と説明していました。転嫁対策特別措置法は令和3年3月31日までの時限法で、すでに効力がなくなっていますが、このような考え方によって、仕入先が免税事業者であっても課税事業者

出典：「インボイス制度後の免税事業者との取引に係る下請法の考え方」（公正取引委員会）

と同様に消費税等を支払う慣習は相当程度定着しているようです。

　上記【事例2】は、消費税をもらっていなかったことが前提になっています。消費税をもらっていたのなら、これまで免税事業者であったことも、インボイス制度の開始によって課税事業者となることも、売手の都合に過ぎないといえるのではないでしょうか。

課税事業者となったときは、他の課税事業者と同等の水準への取引額の引上げを要求することは、正当と考えられます。話し合ってみましょう。

Question 12

取引先から、「課税事業者になってください」という手紙が届きました。課税事業者になることを強要されているように感じます。

A **（1）　独占禁止法の考え方**

　　前問まで、仕入先が免税事業者である場合の対応として、独占禁止法の考え方を確認してきました。

　どの事業者を仕入先に選ぶか、仕入先にどのような要件を求めるかは、基本的に自由です。ただし、取引上の優位な立場を利用して通常の取引にはないような不当な不利益を相手方に押し付けると、法律違反の可能性があるという考え方です。

（2）　課税事業者になるように要請する場合も考え方は同じ

　仕入先に対して課税事業者になるよう要請することは、独占禁止法上問題になる行為ではありません。

　しかし、それにとどまらず、**「課税事業者にならなければ取引価格を引き下げる」**、**「それにも応じなければ取引を打ち切る」**などと一方的に通告することは、独占禁止法が禁止する**「優越的地位の濫用」**にあたるおそれがあります。次頁の【事例3】を参照してください。

【事例3】
○ 課税事業者が、取引先である免税事業者に対して、**課税転換を求めた。**
○ その際、「インボイス事業者にならなければ、**消費税分はお支払いできません。**承諾いただけなければ<u>今後のお取引は考えさせていただきます。</u>」という文言を用いて要請を行った。また、**要請に当たっての価格交渉にも応じなかった。**

> それ、**独占禁止法上問題**となるおそれがあります！

課税事業者になるよう要請すること自体は独占禁止法上問題になりませんが、それにとどまらず、**課税事業者にならなければ取引価格を引き下げる**、それにも応じなければ取引を打ち切るなどと一方的に通告することは、独占禁止法上問題となるおそれがあります。また、**課税事業者となるに際し**、価格交渉の場において**明示的な協議なしに価格を据え置く場合**も同様です。

出典：「インボイス制度後の免税事業者との取引に係る下請法の考え方」（公正取引委員会）

　売手という強い立場を利用して一方的に取引条件を変更する行為は、慎むべきものとされています。

課税事業者になるよう要請することは、独占禁止法上問題になる行為ではありません。しかし、強要や一方的な条件の変更は、問題になります。

Question 13

どんな少額の取引でもインボイスが必要なのですか。

A **（1）　3万円未満の課税仕入れの特例は終了する**

令和5年9月30日までは、「税込3万円未満の課税仕入れ」については、請求書等の保存を不要とし、帳簿の保存のみで仕入税額控除が認められる特例があります。インボイス制度では、この特例は廃止されます。

（2）　一定規模以下の事業者の少額特例が始まる

インボイス制度においては、**基準期間における課税売上高が1億円以下又は特定期間における課税売上高が5,000万円以下である事業者**は、**令和11年9月30日までは、税込1万円未満の課税仕入れ**について、**インボイスの保存なしで、帳簿の保存のみで仕入税額控除を適用**することができる少額特例が設けられています。

買手がこの少額特例を適用する場合は、請求書や領収書は、法人税又は所得税の計算のために保存することになります。したがって、売手が交付する請求書等はインボイスである必要はありません。

一定規模以下の事業者なら、税込1万円未満の課税仕入れについて6年間はインボイスの保存が不要です。したがって、1万円未満の売上げは、インボイスを交付しなくてもよい場合があります。

Question 14

免税事業者同士で商売していれば、インボイス制度は関係ないということになりますか。

A 顧客がすべて免税事業者であれば、登録する必要はありません。

これまで免税事業者であっても、状況によっては登録し課税事業者となる顧客があるかもしれません。そのような場合、その顧客は2割特例を適用する可能性が高く、インボイスの交付は求められないでしょう。

顧客がすべて免税事業者の場合

顧 客		貴 方
これまで免税事業者		登録しなくていい
・登録＋2割特例 ・今後も免税事業者 } インボイス不要	→	

顧客がすべて免税事業者の場合は、登録の必要がない可能性が高くなります。

Question 15

免税事業者が登録をして得になることが
ありますか。

A **（1）　登録によって収入が増えるかも**
　これまで免税事業者であることを理由に消費税をもらってい
なかった場合において、**登録をしたことを理由に、新たに消費税を上
乗せすることができれば、収入が増える**ことになります。
　登録しなければ免税事業者であったという事業者は、令和8年の申
告まで2割特例を適用することができます。これまでもらっていな
かった10％の消費税を受け取っても、納税はその2割です。残りの
8割は利益になります。
　しかし、買手は、これまで消費税を払っていなくても仕入税額控除
ができていたわけですから、消費税の上乗せを渋る可能性があります。
収入が増えるかどうかは、交渉次第ですね。

（2）　登録しないで収入を減らすより納税した方がお得
　これまで課税事業者と同様に消費税をもらっていた場合は、消費税
分の値引きを要請される可能性が高くなります。
　8割・5割控除の特例に対応する金額で順次減額していくことがで
きれば、最初の3年間は、登録して2割特例を適用した場合と手元に
残る金額は同じになります。例えば年収880万円である場合の計算で
す。

登録しないで２割の値引きに応じる場合

	登録した場合	２割の値引きに応じた場合
年収	880万円	864万円
２割特例で申告	16万円	申告ナシ
手取の差額	ナシ	

　このような計算が成り立つかどうかは、買手との交渉次第でしょう。

　買手は、免税事業者からの仕入れに係る事務負担も考慮して、２割以上の値引きを求めるかもしれません。

　しかし、**登録をすれば、値引きの必要はありません**。消費税80万円の全額を値引きする場合に比べて、登録して２割特例で16万円の納税をする方が、**手取が64万円多くなります**。

登録しないで全額の値引きに応じる場合

	登録した場合	全額の値引きに応じた場合
年収	880万円	800万円
２割特例で申告	16万円	申告ナシ
手取の差額	64万円	

　もちろん16万円の納税はこれまでなかった新たな負担です。その分だけ利益が減ることになりますが、事業を継続するためのコストと割り切ることも必要でしょう。

新たに消費税を上乗せしてもらったら２割特例で利益が増えます。
登録しないで消費税全額の値引きをするなら、登録して２割特例で納税した方が得になります。

Question 16

私は、ネットショップをやっています。ネットショップのお客様は個人がほとんどなので、登録しなくてもいいですか。

A **(1)　消費者に対してインボイスを交付する義務はない**

インボイス発行事業者の登録をするとインボイスを交付することができます。インボイスの交付は、買手の仕入税額控除のためにするものですから、法律上は、買手が課税事業者である場合には、インボイスの交付は、インボイス発行事業者の義務とされています。

しかし、**消費者に対してインボイスを交付する義務はありません。**

(2)　事業者への販売をしたいなら登録を検討

ネットショップのお客様はほとんど消費者だということですから、インボイスの交付は求められないでしょう。

ただし、事業者が購入することがあるかもしれません。**わずかでも事業者への販売があるからそれを無くしたくない、あるいは、今後、事業者への販売数を伸ばしていきたい、という希望があれば、登録を検討してください。**

(3)　登録しないなら消費税等の記載に工夫が必要

登録しないと決めたなら、価格設定を見直してみましょう。インボイスを交付しないけれど値下げはしたくありませんね。**これまで「消費税込み」としていた表示を「別途消費税はいただきません」といった表示にする**というのも一案です。

Question 17

私は、賃貸マンションのオーナーです。家賃収入は非課税ですが、屋上にソーラーシステムを設置して売電を行っています。登録をしないと買取価格を引き下げられますか。

A **（1）　全量売電は消費税の課税対象**

「再生可能エネルギーの固定価格買取制度」（FIT制度）に基づき行う**全量売電は、消費税の課税の対象**となります。

ただし、自宅で行う余剰電力の売却は、生活のために設置した太陽光発電設備から生じた電気のうち、使い切れなかった余剰電力を売却しているものであって、消費者による生活用資産の譲渡であることから、消費税は課税されません。

（2）　登録しなくても買取価格は変更なし

FIT制度は、太陽光等で発電した電気を電力会社が一定価格で一定期間買い取ることを国が約束する制度です。FIT制度を利用するには、国のFIT認定を受ける必要があります。

インボイス制度開始後は、FIT認定事業者がインボイス発行事業者の登録を受けない場合には、買取義務者は仕入税額控除ができなくなりますが、**免税事業者は、インボイス制度に関する対応は不要です。インボイス発行事業者の登録がなくとも、現行の買取価格が変更されることはありません。**

ただし、課税事業者であるFIT認定事業者は、インボイス発行事業者の登録をし、買取義務者へ登録番号を通知することとされています。

Question 18

私は、賃貸マンションのオーナーです。家賃収入（月額200万円）は非課税ですが、１階には月額賃料30万円（外税）の店舗があり、居住者専用のガレージ月額賃料６万円（内税）もあります。
現在は免税事業者ですが、登録するべきでしょうか。課税仕入れは月額12万円（外税）の委託管理料のみです。

A **(1) 居住者用のガレージの貸付けはインボイス不要**

　ガレージの賃料は、居住者専用であっても住宅の家賃ではないので消費税が課税されます。しかし、社宅として利用しているなど**入居者が経費とする場合を除いて、インボイスの交付を求められることはない**でしょう。

(2) 店舗の貸付けがあるときは登録した方がよさそう

　店舗の貸付けは、賃借人が事業者ですから、インボイスの交付を求められるでしょう。**インボイスを発行しない場合は、賃料の値下げ交渉をされる可能性**があります。

　賃借人が簡易課税制度を選択している場合や免税事業者である場合は、インボイスを必要としません。「インボイスが必要ですか？」と端的に質問して答えを確認した上で登録するかどうかを判断するという方法も考えられます。

　ただし、免税事業者であっても、あるいは簡易課税制度を適用していても、正直に回答してくれるとは限りませんし、簡易課税制度をや

める場合等に備えて「インボイスが必要」と回答することも充分考えられます。

　課税売上げとなる賃貸収入がある場合は、相手の状況にかかわらず課税事業者となって登録した方が、面倒が少なくていいという考え方も合理的といえるでしょう。

(3)　登録した場合の納付税額はいくら？

　課税仕入れは月額12万円であり、非課税売上げが大きいので、一般課税による場合の控除額はわずかとなり、**簡易課税が有利**です。**不動産賃貸の事業区分は第6種事業（みなし仕入率40％）**ですから、納付税額の割合は60％になります。

　また、**令和8年までは、2割特例が有利**になります。

簡易課税

売上税額 425,454円	×	納付税額の割合 60%	=	納付税額 255,200円

※売上税額の計算
① 店舗賃料 ：33万円×12ヶ月×10／110＝360,000円
② ガレージ賃料 ：6万円×12ヶ月×10／110＝65,454円
③ ①＋②＝425,454円

2割特例

売上税額 425,454円	×	納付税額の割合 20%	=	納付税額 85,000円

　なお、設備投資等を行う場合は、一般課税で還付申告をしたいとお考えになるかもしれませんが、マンション経営には仕入税額控除の制限があるので、税理士に相談してください。

店舗の貸付けがあるときは、登録した方が良いでしょう。

Question 19

私は、大工のひとり親方です。中堅程度の建設会社の下請けをしています。毎月の支払通知書を確認すると、月額の収入は大体60万円で消費税は外税で加算されています。道具と軽トラックは自前ですが、経費はガソリン代しかありません。インボイス制度の登録をするべきですか。

A

(1)　ひとり親方は建設業法・下請法によって保護される

建設業は多くの下請関係によって成り立っていますが、親事業者と下請業者ではパワーバランスが大きく異なり、下請業者を守る法律が必要となります。建設業の下請けをするひとり親方は、建設業法及び下請法によって保護されています。インボイス制度については、国土交通省が、次頁のような具体例を示しています。

(2)　登録しない場合は仕事が減るかも

下請業者が登録をしない場合、**控除できない消費税額相当額は親事業者のコストになります**。貴方と同じ程度の技術を提供する他の下請業者がインボイス発行事業者の登録をする場合には、競争力が低下して、たとえすぐに切られることはなくても、受注量の減少や取引条件の変更などを招き、**徐々に経営が悪化していく事態が想定されます**。**親事業者との交渉次第では、課税事業者となることを検討しなければなりません。**

【事例4】
○ 「請負金額総額110万円」で建設工事の請負契約を行った。
○ 工事完了後、**インボイス発行事業者でなかったこと**が、請求段階で判明したため、下請負人が提出してきた請求書に記載された金額にかかわらず、**一方的に消費税相当額の一部又は全部を支払わない**ことにした。

>それ、**建設業法違反**です!
元請負人（下請契約の注文者）が、**自己の取引上の地位を不当に利用して**、**免税事業者である下請負人に対して**、**一方的に消費税相当額の一部又は全部を支払わない（減額する）行為**により、請負金額がその工事を施工するために通常必要と認められる原価に満たない金額となる場合には、**建設業法第19条の3**の「**不当に低い請負代金の禁止**」の規定に違反する行為として問題となります。

出典：「インボイス制度後の免税事業者との建設工事の請負契約に係る 建設業法上の考え方の一事例」（国土交通省）

　消費税が外税で加算されているということなので、登録しない場合は、**その加算をやめるという交渉がもちかけられそうです**。ただし、親事業者は、インボイスを受け取らなくても、令和8年9月30日までの3年間は80％、その後の3年間は50％の**控除ができるので、それに合わせて減額していく**という方法も考えられるでしょう。

(3)　登録した場合に収入が増えるのか？

　現在、消費税が外税で加算されているということなので、親事業者は、課税事業者、免税事業者の区別なしに、消費税を払っていると考えられます。そうすると登録して新たに課税事業者となっても、さらにその上に消費税を乗せてほしいと交渉するのは難しそうです。

(4)　登録した場合の納付税額はいくら？

　課税事業者となった場合、経費はガソリン代しかないということなので、**簡易課税が有利**です。**建設業**ですが、親事業者から原材料の支給を受けて建設工事の一部を行う**人的役務の提供の事業区分は第４種事業（みなし仕入率60％）**となり、納付税額の割合は40％です。また、**令和８年までは、２割特例が有利**になります。

簡易課税

売上税額 720,000円	×	納付税額の割合 40%	=	納付税額 288,000円

※売上税額の計算
66万円×12ヶ月×10／110＝720,000円

２割特例

売上税額 720,000円	×	納付税額の割合 20%	=	納付税額 144,000円

　なお、「道具と軽トラックは自前」とのことですが、**買換えを行うときは、一般課税が有利になる場合があります。**ただし、一般課税では、課税仕入れについて**帳簿及び請求書等（インボイス）の保存が必要**です。

一般課税が有利になる場合

課税仕入れの合計額が次の金額以上となる課税期間は、一般課税が有利です。			
買替えの時期	令和５年 （10月～12月）	令和６年～８年	令和９年以後
金額　（概算）	160万円[※1]	640万円[※2]	480万円[※3]

※1　66万円×３ヶ月×80％（２割特例）＝1,584,000円⇒160万円
※2　66万円×12ヶ月×80％（２割特例）＝6,336,000円⇒640万円
※3　66万円×12ヶ月×60％（簡易課税）＝4,752,000円⇒480万円

> 免税事業者のままでいると、競争力の低下を招くおそれがあります。登録した場合は令和８年までは２割特例が有利、その後は簡易課税が有利です。

Question 20

私は、フリーのカメラマンです。イベントなどで撮影しています。売上げは年によって変動しますが、1,000万円を超えることはありません。令和4年の売上げは880万円、経費は200万円でした。仕事の打上げでは、同じフリーのライターやアニメーター、デザイナーと登録するべきかどうか話しています。みんな悩んでいるようです。

A **(1) インボイスを交付しなくても仕事があるか**

　ご自分のお仕事に、特異性があるかどうかを分析してください。余人に代えがたい作品を提供してる、融通が利いて段取りがよくビジネスパートナーとして欠かせない、といったウリがあるなら、クライアントはインボイスの交付の有無に関係なく今後も発注してくるでしょう。

　また、技術と経験が必要なお仕事ですから、業界や地域によって供給不足となり売手市場ということもあります。

(2) 登録した場合の納付税額はいくら？

　貴方が登録した場合の納付税額を試算してみましょう。

　令和4年をみると、経費が収入の23％程度（200万円÷880万円＝22.727…％）なので、**簡易課税が有利**です。イベントに呼ばれて撮映する**カメラマン（サービス業）の事業区分は第5種事業でみなし仕入率は50％**です。

また、**令和8年までは**、**基準期間における課税売上高が1,000万円以下**であることを確認して、**2割特例**を適用することができます。

簡易課税

売上税額 800,000円	×	納付税額の割合 50%	=	納付税額 400,000円

※売上税額の計算
880万円×10／110＝800,000円

2割特例

売上税額 800,000円	×	納付税額の割合 20%	=	納付税額 160,000円

なお、高額の機材の購入などにより、一般課税が有利になる場合があります。

令和8年までは、課税仕入れが課税売上げの80％を超える場合、令和9年以後は50％を超える場合、一般課税が有利です。一般課税では、帳簿及び請求書等（インボイス）の保存が必要です。

(3)　クリエイター系も同じ

ライターやアニメーター、デザイナーといったクリエイター系の仕事も、登録の有無の検討は、おおむねこのような視点で行います。クライアントとの関係を、冷静に整理してみましょう。

登録しなくても仕事が減らないか冷静に検討しましょう。
登録する場合は2割特例が有利です。

Question 21

私は、日用雑貨のセレクトショップを経営しています。年間売上げは800万円程度で、原価率は大体50%、家賃などの経費を入れても40%以上の利益を確保しています。お客様は消費者なので、登録する必要はないですよね。

A **(1) 事業者が買いに来ませんか？**

　　小売業の顧客は一般消費者ですから、登録する必要性は低いと考えられます。**免税事業者のまま商売を継続する場合には、消費税額を上乗せする価格表示やレシートへの消費税額の表示は避けるべき**です。表示の変更は、なるべく早期に行った方が良いでしょう。

　　ただし、**ビジネス街にある店舗などは、顧客に相当程度の事業者が存在する可能性があります。**これまで一律にレシートを出していたので、顧客が経費にしていることを知らなかっただけかもしれません。

(2) 登録した場合の納付税額はいくら？

　　調べてみると事業者のお客様が案外多かった、ということもあり得ますね。登録した場合、売上高の40%の利益を確保しているということなので**簡易課税が有利です。小売業の事業区分は第2種事業（みなし仕入率80%）、お客様が事業者である場合は、第1種事業（みなし仕入率90%）**となります。

　　令和8年までは2割特例がありますが、事業者に販売したことを帳簿などに記録することができれば、簡易課税が有利になります。

Question 22

私は、コーヒーショップを経営しています。サンドウィッチが人気で、テイクアウトされるお客様も多く、会議用にまとまった注文をいただくこともあります。とはいえ、年間売上げが1,000万円を超えることはなく、売上げが減ると経営が持たなくなります。登録するべきでしょうか。

A **（1） お店の経営方針を立てましょう**

　飲食店は、客層を分析し、お店の経営方針を立てることが重要です。事業者による利用を重要と考える場合には、課税事業者となって登録することが必要です。

（2） 登録した場合の納付税額はいくら？

　課税事業者となった場合、**適用税率の区分管理が重要になります。店内での飲食には標準税率10％が適用されますが、出前や宅配、テイクアウトは飲食料品の販売に該当して軽減税率8％の対象**となります。

　また、飲食店の簡易課税は複雑です。というのも、税率の適用とは切り離して事業区分を行う必要があるからです。

　まず、**店内飲食は、第4種事業（みなし仕入率60％）**です。**出前も店内飲食の延長と考えて第4種事業に区分**します。

　持帰りは、調理したものは製造業の第3種事業（みなし仕入率70％）になります。しかし、缶ジュースなど他から購入したものを

テイクアウトする場合は**製造や加工をしていないので、顧客が事業者**
であれば第1種事業（みなし仕入率90％）、事業者でない場合は第2
種事業（みなし仕入率80％）になります。この税率と事業区分を整
理したものが次の表です。

飲食店の税率と事業区分

区分			適用税率	簡易課税制度の事業区分 （みなし仕入率）
店内飲食			標準税率 10％	第4種事業（60％）
出前	調理したもの		軽減税率 8％	第4種事業（60％）
出前	購入したもの		軽減税率 8％	第4種事業（60％）
テイクアウト	調理したもの		軽減税率 8％	第3種事業（70％）
テイクアウト	購入したもの	顧客が消費者	軽減税率 8％	第2種事業（80％）
テイクアウト	購入したもの	顧客が事業者	軽減税率 8％	第1種事業（90％）

　令和8年までは2割特例を適用することができるので、その間に上
記の区分に慣れておかなければなりません。

顧客に企業の方が多いようなら登録が必要。
飲食店の簡易課税は複雑。8％・10％の税率
の適用とは切り離して事業区分を行います。
2割特例の適用中に練習しておきましょう。

Question 23

私は、パーソナルトレーナーです。スポーツジムと月額50万円（外税）で業務委託契約をしています。経費はほとんどありません。ジムから、インボイス発行事業者の登録番号を通知するように連絡がありました。応えなければなりませんか。また、これを機に、パーソナルジムを個人で開業しようかと考えています。

A

（1）　問い合わせには回答しましょう

　スポーツジムが貴方に支払う報酬は、課税仕入れであり、これまでどおり**仕入税額控除をするためには、貴方がインボイス発行事業者でなければなりません。**その確認のために問い合わせがあったものですから、契約を継続するならば回答しなければなりません。

　回答しない場合、あるいは、登録しないと回答した場合には、消費税等相当額を減額する交渉になる可能性があります。

　ただし、技術力が高い、顧客に人気があるなど、貴方へのニーズが大きい場合は、登録の要請も値下げ交渉もないというケースも考えられます。

（2）　登録した場合の納付税額はいくら？

　貴方が登録した場合、経費がほとんどないということなので、**簡易課税が有利**です。パーソナルトレーナー（サービス業）の事業区分は**第５種事業（みなし仕入率50％）**です。また、令和８年までは、**2割特例を適用**することができます。

簡易課税

売上税額 600,000円	×	納付税額の割合 50%	=	納付税額 300,000円

※売上税額の計算
55万円×12ヶ月×10／110＝600,000円

2割特例

売上税額 600,000円	×	納付税額の割合 20%	=	納付税額 120,000円

(3)　新規の開業では「消費税はいただきません」と宣言するのも一案

　ジムを開業した場合、顧客が貴方のジムへの支払いを経費で落とすかどうかがポイントになります。パーソナルジムの費用を経費で落とせるのは、スポーツ選手などごく限られた職種ですが、法人が福利厚生などで契約する場合は、必ずインボイスの交付を求めるでしょう。

　新規の開業ですから、**消費税を上乗せしない価格設定にして「インボイスは発行しないので消費税はいただきません」ときっぱりと打ち出すのも合理的な選択と考えられます。**

　消費税をもらわなくても、その分だけ本体価格を高く設定することができれば収入は同じになります。

(4)　設備投資が多額になるなら還付申告もあり

　開業に当たって**設備投資が多額になる場合は、一般課税で還付を受けるという選択もあります。**

　例えば非常にタイトですが、**令和5年10月1日に登録をして12月末までに設備投資をすれば、令和5年は還付申告をして、令和6年は免税事業者に戻ることができます。**

　令和6年になってから登録する場合は、登録の日から2年を経過する課税期間まで申告をしなければならない2年縛りがあります。

Question 24

私は、ライターです。ペンネームで仕事をしていて本名は公表したくありません。登録すると個人の情報が公表されてしまうのですか。

A **(1) 個人事業者の公表事項**

個人事業者が登録すると、「氏名」「登録番号」「登録年月日」が国税庁のWebサイトに公表されます。

国税庁　適格請求書発行事業者公表サイト

https://www.invoice-kohyo.nta.go.jp/

(2) 旧姓又は通称の公表

「氏名」は、「住民票に併記されている旧姓」を氏名として公表することや、氏名と旧姓を併記して公表することができます。

また、外国人は、「住民票に併記されている外国人の通称」を氏名として公表することや、氏名と通称を併記して公表することができます。

(3) ペンネームの公表と氏名との紐づけ

ペンネームは、申出書を提出して「屋号」として表示の追加をすることはできますが、氏名に代えることはできません。したがって、ペンネームの公表の申出をすると、氏名とペンネームの両方が公表されることになります。

ペンネームを公表する申出がなければ、ペンネームの公表は行われ

ず、公表サイトの情報によって、ペンネームと氏名が直接的に紐づけられることはありません。

(4) 検索機能

　公表サイトは、登録番号によって検索することができます。氏名や屋号で検索することはできません。したがって、貴方の登録番号を知っている人が貴方の公表事項を見ることになります。

　貴方からインボイスを受け取った顧客には、貴方の本名を知られます。

(5) Web-API機能

　公表サイトには、Web-API機能が搭載されており、公表データをダウンロードすることができます。

　ダウンロードできる情報は、「登録番号」「登録年月日」「登録の取消・失効の有無」「法人の本店又は主たる事務所の所在地」「法人の名称」です。

　個人事業者の場合、個人情報の保護に配慮して、「氏名」、「事務所の所在地等」、「屋号」及び「通称・旧姓」などについては、ダウンロードデータから削除されています。

ペンネームを公表する申出をしなければ、公表サイトの情報によって、ペンネームと氏名が直接的に紐づけられることはありません。
しかし、インボイスを渡した相手には、本名を知られます。

Question 25

免税事業者が令和5年10月1日に登録をすると、令和5年分の納税額の計算はどうなるのですか。

A

(1) 令和5年は途中から課税事業者となる

免税事業者が令和5年10月1日に登録をすると、令和5年9月までは免税事業者、10月からは課税事業者となります。

(2) 登録日以後の課税売上げについて納税する

令和5年分は、令和5年10月1日以後の課税売上げと課税仕入れを基礎に申告書を作成することになります。

(3) 2割特例

2割特例を適用する場合は、10月1日以後の課税売上げによって納付税額を計算します。

(4) 棚卸資産に係る調整

一般課税による場合は、9月30日に所有する棚卸資産[11]に係る消費税額を、課税事業者になった課税期間の仕入税額控除の対象とします。

令和5年分は、令和5年10月1日以後の課税売上げと課税仕入れを基礎に申告書を作成します。

---

11 納税義務が免除されていた期間において仕入れた棚卸資産が対象です。

Question 26

2割特例の時期が終わったらどうなるのですか。

A **(1) 一般課税又は簡易課税で申告する**

　2割特例の期間が終わると、**一般課税又は簡易課税で申告**することになります。

　基準期間における課税期間における課税売上高が1,000万円以下で、インボイスを交付する必要がないと判断すれば、登録取消届出書を提出し免税事業者に戻ることもできます（79頁参照）。

(2) 原則として、簡易課税は事前の届出が必要です

　簡易課税を適用するには、適用する課税期間が始まる前に「簡易課税制度選択届出書」を税務署に提出しなければなりません。

簡易課税制度の事前届出（原則）

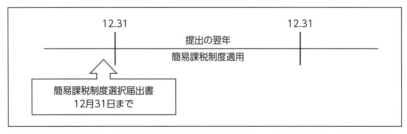

(3)　２割特例の翌年は提出した課税期間から簡易課税制度を適用することができる

　２割特例の適用を受けた場合に、その適用を受けた課税期間の**翌課税期間の末日までに簡易課税制度選択届出書を提出**したときは、その翌課税期間の初日の前日に提出したものとみなされ、提出した日の属する課税期間から簡易課税制度を適用することができます。

経過措置終了により簡易課税制度を選択する場合

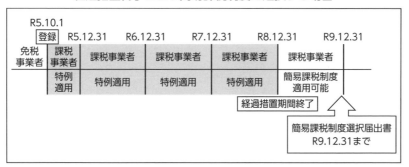

　令和８年まで２割特例を適用したら、令和８年分の確定申告書と一緒に簡易課税制度選択届出書を提出して、令和９年から簡易課税を適用することができます。

　なお、一般課税で申告する予定がない場合は、届出を忘れないように早めに出しておいてもかまいません。

簡易課税又は一般課税を選択することになります。
簡易課税を選択する場合は、簡易課税制度選択届出書の提出時期の特例があります。

Question 27

私は、毎年の課税売上高が1,000万円以下だったのですが、令和4年は1,000万円を超えました。2割特例はどうなりますか。

A **(1)　2割特例は課税期間ごとに判定する**

　2割特例は、インボイスが始まったときに免税事業者であっても、令和8年分まで適用を保障されるものではありません。

　課税期間ごとに、「登録しなければ免税事業者であった課税期間」であることを確認して適用します。

　令和4年の課税売上高が1,000万円を超えた場合、令和6年は、たとえインボイス発行事業者の登録をしなくても、基準期間における課税売上高が1,000万円を超えたために課税事業者となる課税期間です。「登録しなければ免税事業者であった課税期間」ではありませんから、2割特例は適用できません。

(2)　簡易課税はその課税期間中に選択届出をすればOK

　2割特例を適用した翌課税期間は、その課税期間の末日までに届出をして、簡易課税を適用することができます。

　貴方が令和6年に簡易課税を適用したい場合は、令和6年の年末までに簡易課税制度選択届出書を提出してください。もちろん、令和5年中に提出してもかまいません。

基準期間における課税売上高が1,000万円を超えた場合

	R4.12.31	R5.10.1 登録	R5.12.31	R6.12.31	R7.12.31	R8.12.31
免税事業者	免税事業者	課税事業者	課税事業者	課税事業者		課税事業者
1,000万円超		特例適用	特例適用不可 簡易課税制度 適用可能	特例適用（※）		特例適用（※）

経過措置期間終了

簡易課税制度選択届出書
R6.12.31まで

(3) 再び2割特例を適用することができる

　令和7年、8年については、基準期間における課税売上高が1,000万円以下であるなど適用要件を満たせば、再び2割特例を適用することができます。

令和6年は基準期間における課税売上高が1,000万円を超えたことにより課税事業者となるので、2割特例は適用できません。
令和7年、8年については、基準期間における課税売上高が1,000万円以下であるなど適用要件を満たせば、再び2割特例を適用できます。

Question 28

私は、登録して２割特例を適用し、２割特例の期間が終わったら簡易課税を適用しようと思います。簡易課税制度選択届出書は、いつ提出するのがいいですか。

A **(1) 令和９年中の提出がラストチャンス**

　　　令和８年まで２割特例を適用した場合は、令和９年12月31日までに簡易課税制度選択届出書を提出すれば、令和９年から簡易課税制度を適用することができます。

(2) スタート時に提出するのも一考

　令和５年12月31日までに提出しておくことも検討してください。次のようなメリットがあります。

① 提出忘れの予防になります。また、もし令和８年までに、基準期間における課税売上高が1,000万円を超えるために２割特例が適用できない年があっても、あらかじめ簡易課税選択届出書を提出しておけば安心です。

② 簡易課税制度には２年縛りがありますが、令和５年中に提出しておけば、令和４年12月31日に提出したものとみなされ縛り期間は令和６年までとなります。令和７年以後に設備投資があった場合は一般課税に変更することができます。

※ 一般課税に変更するためには、その設備投資を行う課税期間が開始する前に、簡易課税制度選択不適用届出書を提出しなければなりません。

Question 29

２割特例が終わったら、また免税事業者に戻ってもいいのですか。

A
（1）　２割特例終了後の選択肢

　２割特例は、令和８年までの期間限定です。

令和９年以後の選択肢として、次の３つがあります。

① 　一般課税で申告する

② 　簡易課税で申告する

③ 　免税事業者に戻る

（2）免税事業者に戻るための要件

　令和９年から免税事業者となるためには、次の要件の全てに該当しなければなりません。

① 　基準期間における課税売上高が1,000万円以下でなければなりません。相続など課税事業者となる特例にも該当せず「登録しなければ免税事業者であった」という状況でなければなりません。

② 　令和６年以後に新たに登録した場合は、登録日から２年間継続して課税事業者となる２年縛りがあります。したがって、新たに登録した日が令和７年１月１日以前でなければなりません。

③ 　登録取消届出書を15日前の日、すなわち令和８年12月17日（火曜日）までに提出しなければなりません。

III

登録申請をしよう

1. 登録申請書を提出する

　免税事業者がインボイス発行事業者の登録を受けるためには、課税事業者を選択する必要があります。

　課税事業者の選択は、課税事業者選択届出書を提出して行います。ただし、インボイス制度の開始から**令和11年9月30日までの日の属する課税期間においては、課税事業者選択届出書を提出する必要はありません。**

　登録申請書の提出によって課税事業者となり、インボイス発行事業者となる取扱いが設けられています。

　公表事項に変更があった場合は、「適格請求書発行事業者登録簿の登載事項変更届出書」を提出する必要があります。

　また、屋号や事業所の所在地を公表する場合、旧姓や外国人の通称を氏名に代えて公表する場合や氏名と併記する場合は、登録申請書に加えて、「適格請求書発行事業者の公表事項の公表（変更）申出書」を提出します。

2. 令和5年10月1日に登録を受ける場合の申請書の書き方

　免税事業者が令和5年10月1日に登録を受ける場合には、次のように記載した登録申請書を9月30日までに提出してください。

　なお、申請書の提出が遅ければ、登録通知を受け取る日が令和5年10月1日後にずれ込むことが想定されます。特に、**個人事業者は登録通知を受け取るまで自分の登録番号がわからない**ため、早めの申請をお勧めします。

第1-(1)号様式

国内事業者用

適格請求書発行事業者の登録申請書

【1／2】

令和 ● 年 ■ 月 ▲ 日	（フリガナ）	トウキョウト○○ク△△　□－□
	住所又は居所 （法人の場合） 本店又は 主たる事務所 の所在地	◎（〒 XXX － XXX　） （法人の場合のみ公表されます） 東京都○○区△△　□－□ （電話番号　06 － 1111 － 1111）

収受印

申請者

（フリガナ）　トウキョウト○○ク△△　□－□
納税地　（〒 XXX － XXX　）
東京都○○区△△　□－□
（電話番号　　－　　－　　）

（フリガナ）　コクゼイ　タロウ
◎
氏名又は名称　国税　太郎

（フリガナ）
（法人の場合）
代表者氏名　記載不要

▼▼　税務署長殿

法人番号

この申請書に記載した次の事項（◎印欄）は、適格請求書発行事業者登録簿に登載されるとともに、国税庁ホームページで公表されます。
1　申請者の氏名又は名称
2　法人（人格のない社団等を除く。）にあっては、本店又は主たる事務所の所在地
なお、上記1及び2のほか、登録番号及び登録年月日が公表されます。
また、常用漢字等を使用して公表しますので、申請書に記載した文字と公表される文字とが異なる場合があります。

姓と名の間は1文字空けてください。
屋号は記載しないでください。
※　屋号の公表を希望される場合は、「適格請求書発行事業者の
公表事項の公表（変更）申出書」を提出してください。

令和5年3月31日（特定期間の判定により課税事業者となる場合は令和5年6月30日）までにこの申請書を提出した場合は、原則として令和5年10月1日に登録されます。

事業者区分	この申請書を提出する時点において、該当する事業者の区分に応じ、□にレ印を付してください。 □　課税事業者　　　□　免税事業者 ※　次葉「登録要件の確認」欄を記載してください。また、免税事業者に該当する場合には、次葉「免税事業者の確認」欄も記載してください（詳しくは記載要領をご確認ください。）。

令和5年3月31日（特定期間の判定により課税事業者となる場合は令和5年6月30日）までにこの申請書を提出することができなかったことにつき困難な事情がある場合は、その困難な事情

提出時の状況でいずれかに必ず☑を記載
してください。

税理士署名
（電話番号　　－　　－　　）

※税務署処理欄	整理番号		部門番号		申請年月日	年　月　日	通信日付印 年　月　日	確認
	入力処理	年　月　日	番号確認		身元確認	□済 □未済	確認書類　個人番号カード／通知カード・運転免許証 その他（　　　　）	
	登録番号 T							

注意　1　記載要領等に留意の上、記載してください。
　　　2　税務署処理欄は、記載しないでください。
　　　3　この申請書を提出するときは、「適格請求書発行事業者の登録申請書（次葉）」を併せて提出してください。

インボイス制度

84

第1-(1)号様式次葉

適格請求書発行事業者の登録申請書（次葉）

【2／2】

氏 名 又 は 名 称	国税　太郎

こちらに☑を記載してください。
※ 個人番号を必ず記載し、本人確認書類の写しを添付してください。

※ 登録開始日から納税義務の免除の規定の適用を受けないこととなります。

| 個 人 番 号 | 1 2 3 4 5 6 7 8 9 0 1 2 |

生年月日（個人）又は設立年月日（法人）　○明治○大正○昭和●平成○令和　　○○年　△△月　□△日

法人のみ記載　事業年度　自　月　日　至　月　日　資本金　円　記載不要

事業内容　令和5年10月1日を希望する場合は、記載不要です。

登録希望日　令和　年　月　日

□ 消費税課税事業者（選択）届出書を提出し、納税義務の免除の規定の適用を受けないこととなる課税期間の初日から登録を受けようとする事業者

課税期間の初日　※ 令和5年10月1日から令和6年3月31日までの間のいずれかの日　令和　年　月　日

課税事業者です。
※ この申請書を提出する時点において、免税事業者であっても、「免税事業者の確認」欄のいずれかの事業者に該当する場合は、「はい」を選択してください。

「はい」に☑を記載してください。　□ はい　□ いいえ

納税管理人を定める必要のない事業者です。（「いいえ」の場合は、次の質問）

「はい」に☑を記載してください。
今後出国するなど、国内に住所を有しないことになる場合には、納税管理人を定める必要がありますので、「いいえ」に☑を記載してください。それ以外の方は「はい」に☑を記載してください。

□ はい　□ いいえ

納税管理人を定めなければならない場合【個人事業者】国内に住所及び居所【法人】国内に本店又は主たる事務所

納税管理人の届出をしています。「はい」の場合は、消費税納税管理人消費税納税管理人届出書（提出日：令和　年　月　日）

□ はい　□ いいえ

消費税法に違反して罰金以上の刑に処せられ（「いいえ」の場合は、次の質問にも答え）

罰金以上の刑に処せられたことがない場合は、「はい」に☑を記載してください。（注）「加算税」や「延滞税」は罰金ではありません。

□ はい　□ いいえ

その執行を終わり、又は執行を受けています。　□ はい　□ いいえ

参考事項　全ての事業者の方が記載する必要があります。

この申請書は、令和三年十月一日から令和五年九月三十日までの間に提出する場合に使用します。

3. 屋号等の公表は申出書を提出する

適格請求書発行事業者の公表事項の公表（変更）申出書

収受印			
令和 ● 年 ■ 月 ▲ 日	申出者	納　税　地	（フリガナ）トウキョウト○○ク△△　□-□ （〒XXX - XXX） 東京都○○区△△　□-□ （電話番号　06 - 1111 - 1111）
		氏名又は名称及び代表者氏名	（フリガナ）コクゼイ　タロウ 国税　太郎
▼▼　税務署長殿		法　人　番　号	※ 個人の方は個人番号の記載は不要です
		登　録　番　号	T

姓と名の間は1文字空けてください。
屋号は記載しないでください。

国税庁ホームページの公表事項について、下記の事項を追加（変更）し、公表することを希望します。

新たに公表する事項		新たに公表を希望する事項の□にレ印を付し記載してください。	
	個人事業者	□ 主たる屋号 　複数ある場合任意の一箇所	（フリガナ）
		□ 主たる事務所の所在地等 　複数ある場合任意の一箇所	（フリガナ）
		□ 通称 □ 旧姓（旧氏）氏名 住民票に併記されている通称又は旧姓(旧氏)に限る	いずれ□ 氏名に代えて公表　（フリガナ） □ 氏名と併記して公表
	人格のない社団等	□ 本店又は主たる事務所の所在地	（フリガナ）

公表を希望する事項に☑を記載してください。

いずれかに☑を記載してください。

変更の内容	既に公表されている上記の事項について、公表内容の変更を希望する場合に記載してください。	
変更年月日	令和　　年　　月　　日	
変更事項	（個人事業者）□ 屋号　□ 事務所の所在地等　□ 通称又は旧姓(旧氏)氏名 （人格のない社団等）□ 本店又は主たる事務所の所在地	
変更前	（フリガナ）	
変更後	（フリガナ）	

※ 常用漢字等を使用して公表しますので、申出書に記載した文字と公表される文字とが異なる場合があります。

参　考　事　項	
税　理　士　署　名	（電話番号　　-　　-　　）

※ 通称又は旧姓（旧氏）氏名の公表を希望する場合は、住民票の写しの添付が必要です。ただし、e-Tax により提出する場合は、添付を省略することができます。

4. インボイス制度開始後の申請は「15日前の日」

　免税事業者が、インボイス制度が開始してから登録を受けようとする場合には、**登録申請書の提出日から15日以上経過する日を登録希望日としなければなりません。**

　具体的には、登録希望日の「2週前の日の前日」が申請期限となります。登録希望日が木曜日であれば、2週前の水曜日までに申請しなければなりません。

　提出日から15日以上経過する日を登録希望日とした場合は、**登録の通知等が遅れても、登録希望日が登録日となります。**

5. 登録を完了したら顧客へ連絡しよう

　登録を完了したら、登録番号を取引先にお知らせしましょう。

6. 免税事業者に戻るときは登録取消届出書

　インボイス発行事業者は、基準期間における課税売上高及び特定期間における課税売上高が1,000万円以下である場合には、**登録取消届出書**（適格請求書発行事業者の登録の取消しを求める旨の届出書）**を提出して、免税事業者となることはできます。**

　登録取消届出書は、免税事業者になりたい課税期間の初日から起算して15日前の日までに提出しなければなりません。「15日前の日」は、「2週前の日の前日」です。

登録取消届出書の提出時期

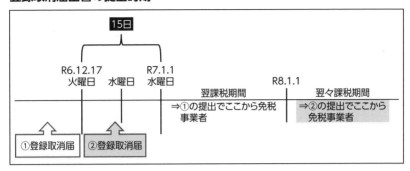

7. 登録は取り消されることがある

税務署長は、次の場合に登録を取り消すことができます。

登録の取消し事由

●　1年以上所在不明であること
●　事業を廃止したと認められること
●　合併により消滅したと認められること
●　消費税法の規定に違反して罰金以上の刑に処せられたこと
●　登録申請書に虚偽の記載をして登録を受けたこと

「所在不明」とは、税務署が事業者と必要な連絡が取れない場合です。
　例えば、消費税の申告書の提出がない場合において、税務署が発信した郵便が宛名違いで返戻され、電話も通じないようなときは、「所在不明」と判断されます。

Question 30

申請書を出して登録を断られることがあるのですか。

A 次の登録拒否要件に該当する場合は、インボイス発行事業者の登録はできません。税務署長から、登録を拒否する旨の通知を受けることになります。

登録拒否要件
消費税法の規定に違反して罰金以上の刑に処せられ、その執行を終わり、又は執行を受けることがなくなった日から2年を経過しない場合

「消費税法に違反して罰金以上の刑に処せられる」とは、起訴され、裁判により罰金以上の刑が確定したことをいいます。加算税や延滞税は罰金ではありません。

一般の事業者が登録拒否要件に該当することはほとんどないので、申請をすれば、登録されると考えていいでしょう。

申請から登録通知までの期間は、e-Tax申請で1か月半、書面の申請で3か月かかるとされています。

インボイス制度の開始が近づくと申請が多くなって、さらに長期間を要するでしょう。登録通知がなかなか届かなくても落ちついて待ちましょう。

一般の事業者が登録拒否要件に該当することはほとんどありません。申請が集中すると通知まで数か月かかることが予想されます。

Question 31

登録番号はどのように決められるのですか。好きな番号に変更してもらうことはできますか。

A **(1)　登録番号は「T＋13桁の数字」**

登録番号の構成は、「T＋13桁の数字」（例：T1234567890123）です。

登録番号の構成

法人……T＋法人番号
個人……T＋登録通知書で通知された13桁の数字

法人の13桁の数字部分は、マイナンバー制度の法人番号です。

個人事業者の場合には、マイナンバーを使用しないで、**新たな番号が付番され、通知されます。**

(2)　変更はできない

通知を受けた登録番号は、「語呂が悪い」「嫌いな数字である」などの不満があっても、変更を求めることはできません。

(3)　半角・全角、どちらもOK

インボイスへの登録番号の表記は、全角・半角を問いません。

＜ 登録通知データの表示イメージ ＞

納税地	１００－００１３ 東京都千代田区霞が関３－１－１
氏　名	国税　太郎　　　　　　殿

東局イ特　第　１　号

令和 4 年 11 月 1 日

麹町　　税務署長
財務事務官
税務署　一郎

適 格 請 求 書 発 行 事 業 者 の 登 録 通 知 書

　あなたから令和 4 年 10 月 1 日付で提出された適格請求書発行事業者の登録申請に基づき、以下の通り登録しましたので、通知します。

登録年月日	令和 5年10月 1日
登録番号	T3123456789123
氏名	国税　太郎
	以下余白

出典：国税庁 軽減税率・インボイス制度対応室

法人は、公表されている法人番号にTが付く番号。個人は新たに付番されます。変更することはできません。

Question 32

登録は３月中にしなくてはいけなかったと聞きましたが、いまからでも間にあいますか。

A **（1）　事実上の申請期限**

インボイス制度が始まる前日の９月30日までに登録申請書を提出すると、令和５年10月１日付けで登録を受けることができます。

令和５年10月１日に登録を受けるための申請期限は、法令上は令和５年３月31日とされていて、４月１日以後に提出する申請書には、期限内提出ができなかった事情を記載することとされています。

しかし、令和５年度税制改正に伴って、税務署はその記載を求めないこととなり、**９月30日が事実上の申請期限**となりました。

（2）　申請はお早めに

ただし、税務署の込み具合によりますが、申請から登録通知を受けるまで、数か月かかることもあります。申請書の提出が遅ければ、**登録通知を受け取る日が令和５年10月１日後にずれ込むことが想定されます**。特に、個人事業者は登録通知を受け取るまで自己の登録番号がわからないため、早めの申請をお勧めします。

登録通知を受け取るまでに、令和５年６月現在、e-Taxの申請であっても約１か月半かかるとされています。早めの提出を。

Question 33

10月1日のインボイス制度の開始時に登録できていないと、令和5年はもう登録できないのですか。

A　インボイス制度が始まってからも、登録申請書に登録希望日を記載して提出し、令和5年中の登録を受けることができます。

ただし、登録希望日は申請書の提出日から15日を経過する日以後でなければなりません。

具体的には、登録希望日の「2週前の日の前日」が申請期限となります。登録希望日が金曜日であれば、2週前の木曜日までに申請しなければなりません。

令和5年12月1日に登録を希望する場合

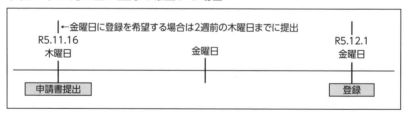

15日を経過する日以後の日を登録希望日とした場合は、登録の通知等が遅れても、登録希望日が登録日となります。

2週前の前日（15日前の日）までに申請すれば、登録希望日に登録されます。

Question 34

登録申請を行ったものの10月1日までに登録の通知が来ない場合、どうすればいいのですか。

A 　9月30日までに登録申請書を提出すると、登録拒否要件に該当しない限り、必ず10月1日に登録することができます。

　ただし、申請から登録通知までは数か月を要することもあります。**登録通知を受け取るまでは、インボイスを交付することはできません。**

　令和5年10月1日までに届かない場合は、次のような対応が考えられます。

- インボイスの交付が遅れる旨を伝え、通知後にインボイスを交付する
- 通知を受けるまでは登録番号のない請求書を交付し、通知後に改めてインボイスを交付し直す
- 通知を受けるまでは登録番号のない請求書を交付し、通知後にその請求書の補足として登録番号を通知する

```
┌──────────────────────┐            ┌──────────────────┐
│  登録番号なしの請求書      │    ──→    │  インボイスを交付     │
│（後でインボイスに代えると説明）│            │                  │
└──────────────────────┘            └──────────────────┘
```

登録通知を受け取るまでは、インボイスを交付することはできません。例に挙げたような対応が必要になります。

Question 35

取引先から登録番号を連絡するようにとの通知がありました。事前に連絡しなくてはならないのですか。

A 事前に連絡をしないければならないと定めた法令はありません。

ただし、主要な仕入先がインボイスを交付するかどうかを確認することは、インボイス制度対応の準備として欠かせない作業です。

買手にすれば、登録しない仕入先を把握して次のような対応をしたいという思惑もあるでしょう。

① 登録しない仕入先とは控除できない消費税額の値下げ交渉をしたい

② 登録しない仕入先への発注は減らす方向で検討したい

③ 登録番号の通知を要請することで、仕入先の登録を促すことができる

したがって、登録番号をお知らせすることは、顧客との関係を良好に継続するために大切な作業です。

登録をしたのであれば、登録番号を連絡し、機会があれば、インボイスの交付方法についても相談しておきましょう。

主要な仕入先がインボイスを交付するかどうか確認することは、インボイス制度対応準備として欠かせません。登録番号を通知しましょう。

IV

インボイスを
交付しよう

1. 登録したらインボイスの交付が義務になる

インボイス発行事業者の登録をすると、インボイスを交付すること
ができます。法律上は、インボイス発行事業者の義務とされています。

インボイス発行事業者は、課税事業者から求められたときは、原則
として、**インボイスを交付し、その写しを保存しなければなりません。**

また、**1万円以上の売上対価の返還等を行った場合には、返還イン
ボイスを交付しなければなりません。**

インボイス発行事業者が交付し保存するもの		
課税売上げ	……	インボイス又は簡易インボイス
1万円以上の売上対価の返還等	……	返還インボイス

書類の交付に代えて、その記載事項に係るデータ **（電子インボイス）**
を提供し、そのデータを保存することができます。

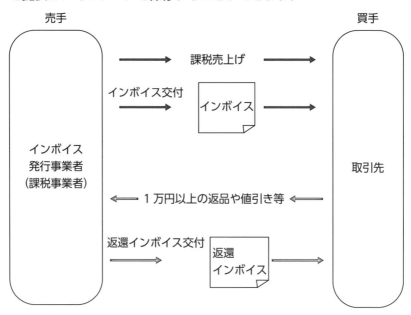

2. インボイスとは？

インボイスは、売手が買手に対して、正確な適用税率や消費税額等を伝えるために交付されます。**インボイスの交付によって、売手がその課税売上げにつき消費税を納付することが証明され、買手の仕入税額控除の権利が保障されます。**インボイスは、**買手の納付税額を減らす金券**であるといえます。

　具体的には、インボイス発行事業者が次頁の①～⑧に掲げる事項を記載して交付する請求書や領収書などの書類をいいます。

御請求書

11月分　131,200円

⑧株式会社△△御中

①〇〇商店株式会社

②登録番号　T1234567890123

令和〇年11月30日

日付	品名		金額
③11月1日	④キッチンタオル		8,000
11月2日	魚※		7,800
11月3日	ジュース※		11,000
11月4日	ビール		8,000
⋮	⋮		⋮
会計	120,000	消費税	11,200
⑥8%対象	⑤40,000	⑦消費税	3,200
10%対象	80,000	消費税	8,000

④※　軽減税率対象

インボイスの記載事項	簡易インボイスの記載事項
① **売手の名称** 　法人はその名称、個人事業者は氏名を記載します。電話番号の記載などにより事業者が特定できる場合は、屋号や略称などを記載することができます。	
② **登録番号** 　登録番号の構成は、「T（ローマ字）」＋数字13桁（例:T1234567890123）です。 　法人は、マイナンバー法による法人番号が数字13桁の部分となります。 　個人事業者の登録番号は、登録申請の後、税務署から通知されます。 　表記は、半角・全角を問いません。	
③ **取引年月日** 　商品を納品した日やサービスの提供を行った日です。 　月まとめの請求書などは、その期間を記載することもできます。	
④ **取引の内容** 　商品名等を記載します。「野菜・果実」「文房具」といった商品の種類ごとの記載でも構いません。 　軽減税率の対象にはその旨（「※」などの記号を付し、「※は軽減税率対象」と示しておく）を記載します。	
⑤ **対価の額の合計額** 　税抜き又は税込みで、税率ごとに合計します。	
⑥ **適用税率** 　10％の売上げしかない場合も「10％」と記載します。	簡易インボイスでは、⑥**適用税率**又は⑦**消費税額等**のいずれかの記載でかまいません。
⑦ **消費税額等** 　消費税額及び地方消費税額の合計額です。 　1円未満は税率ごとに、切上げ、切捨て、四捨五入など、一のインボイスにつき1回の端数処理を行います。個々の商品ごとに端数処理を行うことは認められません。	
⑧ **買手の名称** 　インボイスの宛名です。 　正式名称のほか、屋号や略称などを記載することもできます。	簡易インボイスでは、⑧**買手の名称**の記載を省略することができます。

　現在交付している納品書、請求書、領収書等のうち、登録番号を記載してインボイスになるものがあるかどうか、確認しましょう。

3. 簡易インボイスとは？

　簡易インボイス（適格簡易請求書）は、レジのレシートを想定しています。

　インボイス発行事業者が、**小売業や飲食店業、不特定かつ多数の者に課税売上げを行う事業**である場合には、インボイスに代えて、簡易インボイスを交付することができます。

　「不特定かつ多数の者に課税売上げを行う事業」には、事業者が、顧客の氏名や名称等を確認せず、相手方を問わず広く商品の販売等を行う事業が該当します。

領　収　書　①

△△ショップ○○店

電話（06）1234-5678

② 登録番号 T 012345‥‥‥‥

③ ××年 11 月 30 日（金）

品　名	金　額	消費税等
④リラクシングボトム	1,749 円	
オレンジジュース	680 円	※
合計	2,429 円	209 円
⑥8% 対象	⑤680 円	⑦50 円
10%対象	1,749 円	159 円
		④※は軽減税率対象

お買上げありがとうございました。

4. 返還インボイスとは？

　実現した売上げについて、返品や値引きなどの理由で対価を返金したり売掛金を減額したりすることを**「売上対価の返還等」**といいます。

　インボイス発行事業者は、インボイスを交付した課税売上げについて、税込1万円以上の売上対価の返還を行った場合には、**次の事項を記載した返還インボイス（適格返還請求書）を交付しなければなりません。**

返還インボイスの記載事項
① 売手の名称
② 登録番号
③ 対価の返還等を行う年月日
④ 対価の返還等のもとになる取引の年月日
⑤ 対価の返還等のもとになる取引の内容
⑥ 対価の返還等の金額
⑦ 消費税額等又は適用税率

　返還インボイスは、独立した書類をあつらえなくても、インボイスや簡易インボイスに必要事項を書き加える方法によることができます。

5. 電子インボイスとは？

　インボイス、簡易インボイス、返還インボイスは、書類の交付に代えて、**その記載事項に係るデータを提供することもできます。**これらのデータを電子インボイスといいます。

　何をインボイスとするか、どのように交付するかは、デジタル化の実装次第です。ビジネスにおいて、紙のやり取りはすでに少数派であり、業務の効率化を図る取り組みのフェーズは、ペーパーレスからデジタル化・DX推進へと変化しています。

　詳しくは、125頁以降を参照してください。

6. 偽インボイスの交付には罰則がある

インボイス制度は、売手による消費税の納税がインボイスによって証明された場合に、買手における仕入税額控除を認める厳格な制度です。したがって、偽インボイスの交付は厳しく禁止されています。

禁止行為を行った者は、1年以下の懲役又は50万円以下の罰金に処するものとされています。

区　分	禁止行為
インボイス発行事業者	偽りの記載をしたインボイスの交付又はデータの提供
インボイス発行事業者以外	適格請求書類似書類等（インボイスであると誤認されるおそれのある表示をした書類）の交付又はデータの提供

偽りの記載とは、脱税などの目的であえて嘘を書くことであり、通常の事務作業の中で生じる単なるミスが「偽りの記載」に当たることはありません。したがって、この罰則をことさら意識する必要もありません。

記載事項に間違いを発見した場合は、速やかに買手に連絡して修正インボイスを交付するなどの対応をしましょう。

7. 支払通知書を確認すればインボイスを交付しなくていい

　個人事業者の売上げについては、個人事業者自身は請求書を作成しないで、**買手が仕事の量などを管理し、支払額を通知するという場合**もあります。買手が作成する書類の名称から、**支払通知書方式**や**仕入明細書方式**と呼ばれています。

　インボイス制度においても、支払通知書方式によることができます。**買手がインボイスの記載事項を記載した支払通知書を作成し、売手の確認を受ければ、その支払通知書をインボイスとして保存することができます。**

　この場合、売手は、買手に登録番号を通知するだけで、インボイスを作成し交付するという事務をしないですみます。

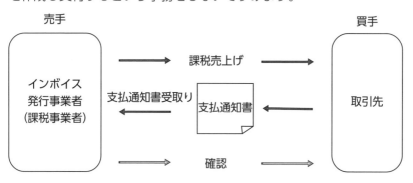

Question 36

インボイスと認められるのは、請求書だけですか。納品書や領収書でもいいのですか。

A **(1) 記載事項を満たせばインボイス**

インボイスとは、法令に定められた事項を記載した書類です。**様式の定めはなく、手書きであってもかまいません。また、適格請求書やインボイスといった名称を付ける必要もありません。**

請求書、納品書、領収書、レシート等、その名称を問わず、99頁に示した①〜⑧の記載事項を満たしているものがインボイスになります。

(2) 複数の書類をあわせてインボイスもOK？

インボイスの記載事項は、**一枚の書類にそのすべてが記載されていなくてもかまいません。**例えば、納品書と月まとめの請求書を合わせれば①〜⑧の記載事項が揃う、という方法も認められます。

ただし、業務の効率を考えると、望ましい方法とはいえません。納品書と月まとめの請求書を合わせればインボイスになりますといわれたら、買手は少なからず困惑するでしょう。**買手の正しい理解を得るために繰返しの説明が必要になり、業務は停滞し非効率になります。**

やむを得ず、このような方法を選択する場合には、どの書類どの項目が記載されているのか、毎回付記しておくなどの工夫が必要です。

Question 37

インボイスに記載する名称は、氏名でなく店舗名でもかまいませんか。

A **(1)　公表サイトで屋号を公表している場合**

個人事業者は、公表サイトで屋号（店舗名）を公表することができます。

店舗名を公表している場合は、氏名を記載しないでも、顧客は公表サイトで貴方がインボイス発行事業者であることを確認できます。

(2)　公表サイトで屋号を公表していない場合

公表サイトにおける店舗名の公表は個人事業者の任意ですから、公表しないこともできます。その場合、インボイスには氏名を記載しないといけないのではないかと疑問が生じますが、そんなことはありません。

氏名を記載しないでも、**店舗名に併せてお店の電話番号を記載**しておけば、インボイスを受け取った顧客が、記載された電話番号に問い合わせてインボイス発行事業者であることを確認できます。

もちろん、現実に電話をして確認することを推奨するものではありません。**確認できる状況であれば良い**ということです。

氏名を記載せず、店舗名と店舗の電話番号を記載することができます。

Question 38

消費税の計算は1商品ごとに計算するのですか。それとも、1つの請求書でまとめて計算するのですか。

A

（1）　1円未満の端数処理は1インボイスに1回

インボイスに記載する消費税額等は、消費税額及び地方消費税額の合計額です。一のインボイスにつき、税率ごとの合計額について算出します。

1円未満の端数が生じる場合は、**一のインボイスにつき、税率ごとに1回の端数処理**となります。個々の商品ごとに消費税額等を計算し、1円未満の端数処理を行うことはできません。

現在、商品ごとに消費税額等の1円未満の端数処理を行っている場

請求書		
㈱○○御中		XX年11月1日
10月分　（10/1～10/31）　100,000円（税込）		

日付	品名	金額
10/1	小麦粉　※	5,000円
10/1	牛肉　※	8,000円
10/2	キッチンペーパー	2,000円
⋮	⋮	⋮
合計	100,000円	（消費税 8,416円）
10%対象	60,000円	（消費税 5,454円）
8％対象	40,000円	（消費税 2,962円）

※印は軽減税率対象商品

△△商店

登録番号　T1234567890123

消費税額等の端数処理は、適格請求書単位で、税率ごとに1回行います。
10%対象：
60,000円×10/110≒5,454円
8％対象：
40,000円×8/108≒2,962円
（注）　商品ごとの端数処理は認められません。

合には、登録番号の記載を追加してもインボイスとして認められない
ので、システム改修を検討しなければなりません。

(2)　店舗ごとの納品である場合もインボイスごとに計算する

　例えば、複数の店舗がある顧客に対して、その店舗ごとに納品している場合であっても、一のインボイスにまとめて記載するときは、その合計額について消費税額等を算出し、1円未満の端数処理を行うことになります。

(3)　切上げ、切捨て、四捨五入は自由

　切上げ、切捨て、四捨五入は、インボイス発行事業者が**任意に選択**した方法とすることができます。

> 消費税は、一のインボイスにつき、税率ごとの合計額について算出します。
> 1円未満の端数が生じる場合は、一のインボイスにつき、税率ごとに1回の端数処理となります。

Question 39

これまでエクセルで四捨五入にして請求書を作っていました。今後もそれでよいですか。

A インボイスに定められた様式はありません。**記載事項が揃っていれば、インボイス**になります。

請求書をエクセルで作成すること、端数処理を四捨五入にすることは、いずれも問題ありませんが、消費税額等の計算式が、「**税率ごとの対価の額の合計額**」に各税率を適用したものになっているかどうか、確認してください。

日付	商品名	適用税率	単価	数量	金額	
					10%	8%
10月1日	A	10%	885	5	4,425	
	B	10%	922	7	6,454	
	C	8%	1,263	3		3,789
	D	8%	1,515	10		15,150
合　　計					10,879	18,939
外消費税額等					1,088	1,515

税率ごとの対価の額の合計額に各税率を適用して四捨五入している

Question 40

現在交付している領収書に登録番号を記載してインボイスにしようと考えています。10月1日から交付するのは、システム変更のタイミングが難しいのですが、どうしたらいいですか。

A 　　インボイス発行事業者の登録通知を受け取ったら、**その日から登録番号を記載することができます。10月1日を待つ必要はありません。**

　システムが整った時点でインボイスの交付を開始しましょう。取引先への登録の通知をかねて、インボイス交付の試運転ができます。

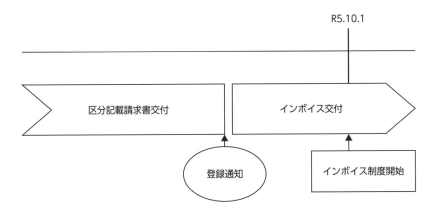

R5.10.1

区分記載請求書交付　　　　　インボイス交付

登録通知

インボイス制度開始

登録番号の通知を受け取ったら、インボイス制度開始を待たずに、インボイスの交付を開始しましょう。

Question 41

私はアパレルメーカーから商品販売の委託を受け、販売額の15％を手数料として受け取っています。お客様へのインボイスの交付はどうなるのですか。

A
(1)　お客様へのインボイスの交付の方法は2パターン

アパレルメーカーからの委託を受けて貴方が商品を販売する場合、その売上げはアパレルメーカーの売上げですから、本来、アパレルメーカーがインボイスを交付しなければなりません。

しかし、現実に販売活動を行っているのは貴方であり、アパレルメーカーは顧客と接触する機会を持ちません。そこで、**貴方が代わりにインボイスを交付する**ことになります。

この場合、**交付の方法は2つ**あります。

(2)　代理交付

一つは、**貴方が、アパレルメーカーの名称及び登録番号を記載したインボイスをお客様に代理交付する方法**です。

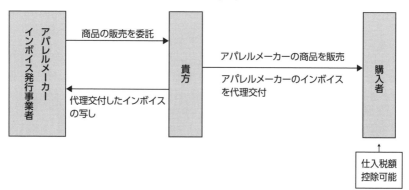

　この代理交付については、貴方がインボイス発行事業者である必要はありません。

　ただし、販売額の15％の手数料を受け取るときには、**アパレルメーカーがその手数料についてのインボイスの交付を求めると考えられます。**

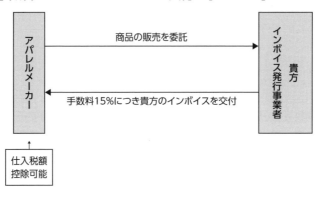

(3)　媒介者交付特例

　委託販売において、**委託者及び受託者の双方がインボイス発行事業者である場合には、「媒介者交付特例」によることができます。**

　貴方がインボイス発行事業者であるときは、貴方は、**アパレルメーカーの売上げについて、貴方の氏名及び貴方の登録番号を記載したインボイスを交付**することができます。

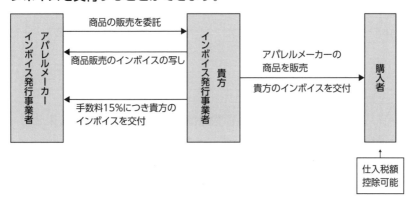

　この場合、次頁のような対応が必要です。

アパレルメーカーの対応
① 取引前に、登録を受けている旨を貴方に通知
② インボイス発行事業者でなくなった場合にはその旨を速やかに貴方に通知
③ 貴方から受け取ったインボイスの写しを保存

貴方の対応
① 交付したインボイスの写しを保存
② 交付したインボイスの写しをアパレルメーカーに交付
（取決めによってインボイスの内容を記載した精算書等でもよい）

(4)　複数社から委託を受けている場合は精算書を活用する

　複数の委託者から預かった商品を一括して販売した場合も、媒介者交付特例により1枚のインボイスを交付することができます。

　インボイスに記載する対価の額と消費税額等は委託者ごとに計算するのが原則です。

　ただし、全体の合計額を記載することもできます。この場合、各委託者には、インボイスの写しに替えて委託者ごとの対価の額と消費税額等を記載した精算書を作成して交付することになります。

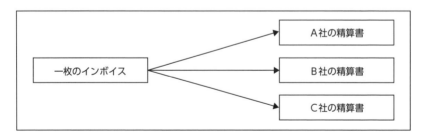

> アパレルメーカーの名称及び登録番号を記載したインボイスを代理交付する方法と、アパレルメーカーの売上げについて貴方の氏名及び登録番号を記載したインボイスを交付する媒介者交付特例の、2つの方法があります。

Question 42

私は工務店を経営しています。引き渡したときの請求額から、諸事情により値増金となることもしばしばです。これからは、こういうときの扱いも変わるのでしょうか。引き渡したときのインボイスをいちいち修正するのはたいへんですが、やらなければいけませんか。

A　(1)　値増金は金額が確定した時に売上計上

　　建設工事等の請負契約では、工事が完成して引渡しを行った後に、追加で値増金が発生することがあります。この値増金は、建設工事等の対価の一部ですが、建設工事の引渡しの時までに確定しないものであるため、相手方との協議によりその収入すべき金額が確定した日の課税売上げに計上することになります。

(2)　インボイスは値増金ごとに作成する

　値増金は、建設工事の対価の一部ですが、完成引渡しの時に交付したインボイスを修正する必要はありません。

　相手方との協議により値増金が確定するごとにインボイスを作成します。

値増金は、確定する金額ごとにインボイスを交付します。

Question 43

納品して請求したものが返品されてきたとき、返品分についてどのようにインボイスを処理すればよいのですか。

A **(1)　1万円以上の返品・値引きは返還インボイス**

　　実現した売上げについて、返品や値引きなどの理由で対価を返金したり売掛金を減額したりすることを「売上対価の返還等」といいます。

　インボイス発行事業者は、インボイスを交付した課税売上げについて、税込1万円以上の売上対価の返還を行った場合には、返還インボイスを交付しなければなりません。

(2)　インボイスと返還インボイスを1枚の書類で交付できる

　インボイスと返還インボイスは、それぞれに必要な記載事項を1枚の書類に記載して交付することができます。例えば、当月販売した商品について、インボイスとして必要な事項を記載するとともに、返品や値引きについて、返還インボイスとして必要な事項をあわせて記載するといった方法です。

　インボイスと返還インボイスの記載事項を1枚の書類に記載する場合には、継続適用を条件に、対価の額及び消費税額等は、その差引合計額を記載することができます。

請　求　書

㈱○○御中

△△商事㈱

電話（06）1234-5678

登録番号 T012345･････････

日付	品　名	金　額	備　考
11/1	魚※	5,000 円	
11/2	タオルセット	8,000 円	
〰〰〰	〰〰〰〰〰	〰〰〰〰	〰〰〰〰
11/10	タオル（単品）の返品	△　2,000 円	10/30お買上分
	差引合計	120,000 円	消費税等　11,200円
	8% 対象	40,000 円	3,200円
	10%対象	80,000 円	8,000円
	＊は軽減税率対象		

上記、ご請求申し上げます。××年11月30日

（3）　誤請求を翌月分の請求書に加減算することも可能

　例えば数量や単価を間違ったインボイスを交付してしまった場合は、修正インボイスを交付する必要があります。

　ただし、毎月、取引がある顧客に対しては、継続的に、修正インボイスの交付をしないで、誤った金額と正しい請求額との差額を翌月のインボイスに加減算して記載することが認められます。

　このように翌月に修正をする方法で良いか、顧客と相談しましょう。

> 税込１万円以上の売上げ対価の返還を行った場合には、返還インボイスの交付が必要です。インボイスと返還インボイスは、１枚の書類にまとめて記載することもできます。

Question 44

私の取引先は、いつも振込手数料を引いた金額を振り込んできます。嫌ともいえず、長年続いています。インボイス制度ではどうなるのですか。

(1) 「振込手数料は差し引かないでご負担ください」といってみる？

ちょっと堅い話になりますが、振込手数料をだれが負担するべきか、考えてみたいと思います。

まず、契約書等で負担者を明示している場合には、その定めに従うことになります。

① 商法・民法

その取決めがないときは、商法又は民法の原則に従います。商法516条は、債務の履行の場所を「債権者の現在の営業所」と定めています。また、民法は、「弁済は債権者の現在の住所」においてしなければならない（民法484①）、「弁済の費用」は債務者の負担（民法485）としています。これらの規定からすると、**代金の支払いにあたって、売手の承諾なしに、買手が振込手数料を差し引くのは、法律の裏付けのない行為**ということになります。

② 下請法

特に、下請法の適用がある取引では、下請代金の支払いに当たって、書面による取り決めなしに振込手数料を差し引くことは禁止されています。

書面による取り決めがあっても、実際にかかった振込手数料の金額

を超えて差し引けば、やはり下請法に違反することになります。

③　商習慣の見直し

しかし、売掛金の回収に当たり、振込手数料らしき金額が差し引かれた場合には、売手は、集金の手数を省略した利益の対価と認識して、費用や値引きとして処理する例が多いと考えられます。

最近では、そのような商習慣を見直して、「振込手数料は差し引かないでご負担ください」とお願いしているケースも増えているようです。

(2)　対価の返還等として処理する

売手が負担する振込手数料を、**売上代金の値引きとして処理**する場合は、その金額が**1万円未満であることから返還インボイスの交付する必要はありません。帳簿に値引きと記帳するだけです。**

「支払手数料」として費用処理していても、**消費税の申告書の作成に当たっては値引き（売上対価の返還等）とすることができます。2割特例では売上税額を減らしておいた方が、納付税額が少なくなり**ます。

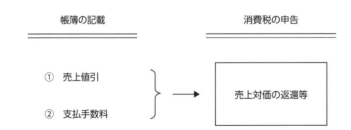

帳簿の記載　　　　　　　　消費税の申告

①　売上値引

②　支払手数料　　　　　　→　売上対価の返還等

売手が負担する振込手数料は、売上代金の値引きとして処理しましょう。1万円未満であれば返還インボイスの交付する必要はありません。

Question 45

売上代金に加算して立替経費の実費精算をしています。経費の領収書はクライアント企業の宛名にしてもらうように努めていますが、時には私宛になっているものもあります。どうしたらいいですか。

A **(1)　宛名が違う場合は立替金精算書が必要**

クライアント企業が負担するべき経費を貴方が立て替えて支払う場合において、宛名が貴方であるインボイスを受け取ったときは、**クライアント企業は、この貴方宛てのインボイスをそのまま受領しても、インボイスの保存の要件を満たすことはできません。**

立替払を行った貴方から、インボイスとともに、その課税仕入れがクライアント企業に帰属することを明らかにする立替金精算書の交付を受けて保存することにより、インボイスの保存の要件を満たすこととなります。

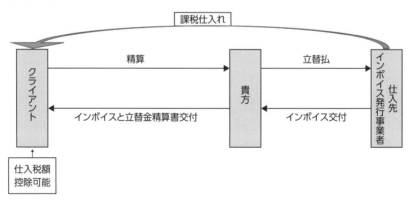

(2)　立替金精算書ってどうやって作るの？

　立替金精算書は、請求書と別の書類をあつらえる必要はありません。

　クライアント企業への請求書に立て替えた金額を記載し、あわせて支払先（支払先の登録番号は不要）と支払日を書いておけば、立替金精算書を兼ねることができます。

　また、立替金精算書を用意している企業もあるので、相談してみましょう。

(3)　公共交通機関特例の適用があるなら立替金精算書はいらない

　立替払に係る内容が、**公共交通機関特例**など、帳簿のみの保存で仕入税額控除が認められる課税仕入れに該当する場合（25頁参照）は、クライアント企業は、帳簿を保存することで仕入税額控除を行うことができます。**インボイスも立替金精算書も不要**です。

(4)　簡易インボイスなら立替金精算書はいらない

　受け取ったインボイスがレシートなど**宛名のない簡易インボイスである場合には、立替金精算書は不要**です。

(5)　1万円未満なら少額特例だけど…

　クライアント企業が少額特例の適用（24頁参照）を受けて、インボイスの保存なしで仕入税額控除を受けることができる場合があります。

　ただし、1万円未満であっても、領収書やレシートが全くない状態で立替金の精算を認めてくれるかどうかは、契約関係やクライアント企業の判断によります。

Question 46

売上代金に加算して立替経費を請求しています。実費ではなく、例えば13,000円の場合は15,000円、17,000円の場合は20,000円というように多めに丸めて請求します。インボイスはどうなりますか。

A **(1)　多めにもらうと全額が課税売上げになる**

　　実際に支払った金額とクライアント企業から受け取る金額に差額がある場合は、立替金ではありません。**クライアント企業から受け取る金額が貴方の課税売上げになります。**

　13,000円を支払って、15,000円を請求する場合は、差額の2,000円ではなく15,000円が課税売上げになります。

　17,000円を支払って20,000円を請求する場合は、差額の3,000円ではなく20,000円が課税売上げになります。

(2)　差額を課税売上げにしたい場合は支払った金額を報告する

　13,000円を支払って15,000円を請求する場合に、差額の2,000円だけを課税売上げにしたいときは、13,000円についてはインボイスと立替金精算書で清算し、差額の2,000円は手数料等として明示することになります。

> 実際に支払った金額とクライアント企業から受け取る金額に差額がある場合は、クライアント企業から受け取る金額が貴方の課税売上げになることに注意しましょう。

V

インボイスを
受け取ろう

1. 2割特例・簡易課税ならインボイスはいらない

　免税事業者が登録した場合、多くは、**2割特例の適用が有利**となります。

　2割特例は、仕入税額控除について「帳簿及び請求書等」の保存を必要としないので、課税仕入れについてインボイスを受け取る必要はありません。請求書や領収書は、所得税の申告のために、又、経理上の必要に応じて保存しておきましょう。

　2割特例は令和8年で終了しますが、**その後、簡易課税を適用すれば、やはり「帳簿及び請求書等」の保存は不要**です。

2. 一般課税では還付申告もアリ

　設備投資などによって**多額の課税仕入れがあると、2割特例よりも一般課税で計算した方が、納税額が少なくなる可能性があります。**場合によっては還付申告ができるかもしれません。

　ただし、一般課税では、法令で定められた事項を記載した帳簿の保存と、次の請求書等の保存が必要です。

(1)　一般課税では帳簿が必要

　一般課税では、次の4項目を記載した帳簿の保存が必要です。

帳簿の記載事項（一般課税）
①　仕入先の氏名又は名称
②　取引の年月日
③　取引の内容（軽減税率の対象にはその旨）
④　取引の金額

帳簿に登録番号を書く必要はありません。

(2)　一般課税ではインボイスの保存が必要です

インボイス制度において、保存する請求等は、次のいずれかでなければなりません。

課税仕入れにつき保存するべき請求書等
①　適格請求書 (インボイス)
②　適格簡易請求書 (簡易インボイス)
③　事業者が課税仕入れについて作成する仕入明細書、仕入計算書等の書類で、インボイスの記載事項が記載されているもの (インボイス発行事業者の確認を受けたものに限る。)

①　電子インボイスもOK

上記の書類はいずれも、その記載事項に係るデータの提供を受けて保存することができます。

電子インボイスについては、125頁以降を参照してください。

②　インボイス不要の取引がある

取引の特殊性から、インボイスの保存がなくても仕入税額控除を認める特例が設けられています (25頁)。

③　少額特例がある

また、基準期間における課税売上高が1億円以下、又は、特定期間における課税売上高が5,000万円以下の事業者は、令和11年9月30日まで1万円以下の課税仕入れについてインボイスの保存を不要とする少額特例があります (24頁参照)。

VI

経理業務の省力化〜未来へつながる経理

本章の回答及び図表：株式会社インフォマート

Question 47

インボイス制度導入で業務が増えそうで
すが、私たちのような小規模事業者もデ
ジタルで対応できますか。

　はい。デジタルで対応することができます。

　インボイス制度が導入され、課税事業者になることを選択すると、制度のルールに合った適格請求書（インボイス）を発行しなくてはならなくなります。

　現状、免税事業者の皆様が登録して課税事業者になったら、まっさきに対応しなくてはいけないのは、請求書のフォーマットを変えることです。

　もちろん手書きの請求書でも、要件に合った内容のものならインボイスと認められます（要件については99頁をご参照ください）。

　また、課税事業者になれば、受け取った請求書がインボイス制度に則ったものかを確認し（簡易課税や2割特例を選択する場合は、買手としてのインボイス制度の対応は不要です）、消費税額、消費税率等をチェックして、税額を計算、申告・納税する、という作業が増えることになります。

　ですが、小規模の事業者では、もともと人数がぎりぎりのところも多いと思います。そのような状況でインボイスに対応するために新たに人員をあてがうのは無理というところも多いでしょう。

　しかし、デジタル化はそうした小規模事業者の一助となる可能性があります。デジタル化の推進というと、大企業の話と思われがちなのですが、小規模事業者の方にも、実はメリットがあるのです。

　デジタル化することで、要件に合った請求書を発行することができるだけでなく、記載内容の照合が自動化されるので内容をチェックする手間も省けます。

　例えば、インフォマートでは、「BtoBプラットフォーム 請求書」という請求書をやり取りするためのシステムを提供しています。このシステムをご利用いただくことで、自社が売手の場合も買手の場合も、請求関連の業務の効率化を図ることができます。デジタル化することで、人的ミスも防げます。

　「BtoBプラットフォーム 請求書」の活用は適格請求書（インボイス）を取引企業にデジタルでやり取りすることが主になりますが、相手先によっては電子請求書に未対応で紙の請求書の送付しか方法がないという場合でも、PDF請求書も作成されるので、PDFをダウンロードして相手に送ることも可能です。

　請求書を受領する場合も、電子請求書はもちろん、紙の請求書でも対応ができます。

　無料の範囲で「発行100通、受取無制限（ダウンロードは10件まで）」までご利用いただけますので、インボイス制度対応の手間を鑑みると月間1通でも請求書発行があれば、システムを利用していただいた方が良いかと思います。

　また、免税事業者のままでいることを選んだ方でも、デジタル対応は可能です。インフォマートの「BtoBプラットフォーム 請求書」を利用する場合、会社情報の事業者区分に「免税事業者」と設定することでデジタル対応した請求書を発行することができます。

　「BtoBプラットフォーム 請求書」によって業務は効率化されますので、免税事業者であっても、請求書対応に人を増やす必要はありません。

請求書のデジタル化
BtoBプラットフォーム 請求書

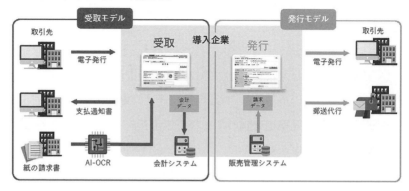

Question 48

請求書はMicrosoft Wordで作ったものを
PDFに変換して送っています。デジタル
インボイスはこれと違うのですか。

　Wordで作成しPDF化した請求書や、Excelで作成した請求書を印刷せずに、e-メールなどで送っているものは「電子インボイス」と呼びます。

　これに対して「デジタルインボイス」は「標準化され構造化された電子インボイス」と定義されていて、売手から買手への請求をデータで直接連携することができるようになっているものを指します。

　デジタルインボイスを利用するには、デジタルインボイスに対応した事業者のシステムを利用して請求書を発行・受領する必要があります。

　デジタル庁は「官民連携のもと、グローバルな標準仕様である「Peppol（ペポル）」をベースとしたわが国におけるデジタルインボイスの標準仕様（JP PINT）の普及・定着の取組を行い、事業者のバックオフィス業務のデジタル完結による効率化の実現を目指す」との姿勢を示しています。（(出典) デジタル庁HP：https://www.digital.go.jp/policies/electronic_invoice/）

　世界の流れから見ても請求行為がデジタルインボイスに向かっていくことは間違いなさそうです。

　いま現在は電子インボイスで対応するとしても、近い将来にデジタルインボイスと向き合う日はすぐに到来すると思っていてください。

Question 49

発行するとき、受け取ったとき両方の適格請求書のチェックができる機能で便利なものはありませんか。

　適格請求書（インボイス）に必要な記載事項は複数あり、これが満たされている受取／発行サービスを利用することでチェックの手間を省けます。

◆適格請求書に必要な記載事項

① 　売手の名称

② 　登録番号

③ 　取引年月日

④ 　取引の内容（軽減税率にはその旨を記載する）

⑤ 　対価の額の合計額（税率ごとに区分して合計する）

⑥ 　適用税率

⑦ 　消費税額等

⑧ 　買手の名称

BtoBプラットフォーム 請求書イメージ

【インボイスの記載要件】
① 適格請求書発行事業者の氏名又は名称及び登録番号　② 取引年月日　③ 取引内容（軽減税率の対象品目である旨）
④ 税率ごとに区分して合計した対価の額（税抜き又は税込み）及び適用税率　⑤ 消費税額等（端数処理は一請求書当たり、税率ごとに一回ずつ）
⑥ 書類の交付を受ける事業者の氏名又は名称

①適格事業者登録番号　⑥書類の交付を受ける事業者の氏名（請求先情報）はBtoB上でマスタとして登録いただきます。
他のインボイスに必要な項目は請求書作成時にご入力いただきます。

無理なくペーパーレス化

請求書の「受取」「発行」どちらも対応
デジタルとアナログの組み合わせで無理なくデジタル化（電子化）、ペーパーレスを進めます。

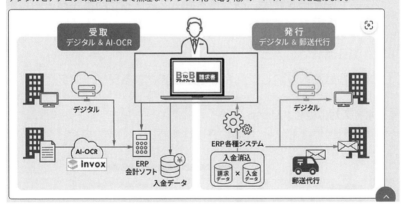

　インフォマートの「BtoBプラットフォーム 請求書」はこれらの必要とされる記載事項を満たすシステムです。

Question 50

システムを使用することで登録番号が合っているかどうかのチェックはできますか。

　国税庁の適格請求書発行事業者公表サイト（34頁参照）で、登録番号は検索できますが、請求書を受け取るシステム側でも、公表サイトで公表される登録番号のチェック機能をつけることは可能かというご質問だと思います。

　請求書については、請求書を受け取った側が適格請求書（インボイス）が正しく記載されたかどうかをチェックする責任が出てきます。

　システムを利用すれば、請求書を送るときに正しい番号がきちんと設定できるとなれば、相手側も工数削減になり、互いの経理担当者の手間が減らせるでしょう。

　ただ、登録を取り消した場合などは公表されるタイミングとのずれ

インボイス対応機能メリット

受け取った請求書の登録番号をクリックすると、事業者登録番号に紐づく国税庁の事業者情報を参照可能

受領した請求書は課税事業者からの受領か否か、インボイス書式か否かで検索が可能です

支払先がBtoBプラットフォームに事業者登録番号を登録すると、自社で管理する支払先マスタに自動反映されます。支払先の事業者登録番号の回収に課題を感じられている企業様への一助となる機能です。

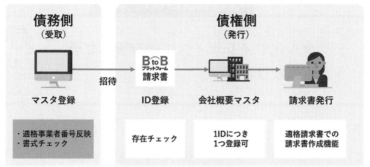

が出てくるので、その登録番号がその時点で登録されているかどうかを100％担保できることにはなりません。

　紙でのやり取りならば絶対に担当者自身のチェック作業が必要になりますが、デジタルに変更すれば、そのストレスがだいぶ減ることでしょう。

Question 51

デジタル化でインボイスの保存要件に合うようになりますか。

（1）　データ保存で仕入税額控除の要件が満たされる

　仕入税額控除の要件として、PDFやデジタルデータ等のインボイスの保存は、次の2つの方法が認められています。

● 　電子帳簿保存法に定められた要件に従ってデータを保存する方法

● 　その電子取引データの保存に代えて、整然・明瞭な状態でプリントアウトした書面を保存する方法

　ただし、電子帳簿保存法は、申告所得税（源泉所得税以外の所得税）及び法人税を対象に、電子取引を行った場合には、原則としてそのデータを保存しなければならないものと定めています。申告所得税及び法人税の対応としてデータで保存するものを、消費税の仕入税額控除のためにプリントアウトするという実務は、通常想定されないでしょう。

　電子帳簿保存法は、電子取引のデータ保存について、「改ざん防止のための措置」、「日付、金額、取引先による検索機能の確保」、「ディスプレイ・プリンタ等の備付け」を要件としています。

【電子取引データの保存要件】

改ざん防止措置	① 次のイからニのいずれかの措置を行うこと 　イ　タイムスタンプが付されたデータを授受する 　ロ　データを授受した後速やかに（授受からタイムスタンプを付すまでの各事務の処理に関する規程を定めている場合は、その業務の処理に係る通常の期間を経過した後、速やかに）タイムスタンプを付す 　ハ　データの訂正削除を行った場合にその記録が残るシステム又は訂正削除ができないシステムを利用して、授受及び保存を行う 　ニ　記録事項について正当な理由がない訂正及び削除の防止に関する事務処理の規程を定めて備え付け、その規程に沿って運用する
検索機能	② 次の要件を満たす検索機能を確保しておくこと 　ⅰ　取引年月日その他の日付、取引金額及び取引先を検索条件として設定できること 　ⅱ　日付又は金額に係る記録項目については、その範囲を指定して条件を設定することができること 　ⅲ　二以上の任意の記録項目を組み合わせて条件を設定できること 　※　税務調査等の際にダウンロードの求めに応じることができるようにしている場合には、ⅱ及びⅲの要件は不要
ディスプレイ等の備付け	③ システム取扱説明書（自社開発プログラムについてはシステム概要書）の備付けを行うこと ④ 電子計算機、プログラム、ディスプレイ、プリンタ及びこれらの操作説明書を備え付け、そのデータをディスプレイの画面及び書面に、整然とした形式及び明瞭な状態で、速やかに出力できるようにしておくこと

　「BtoBプラットフォーム 請求書」は、作成した請求データの改ざん等ができないシステムを構築しているため、発行側、受取側双方とも、電子帳簿保存法に対応したサービスとなっています。10年間クラウド保管ができ、保管コスト・場所の削減も可能です。

(2)　データ保存の特例措置がある

　電子帳簿保存法は、要件に従ってデータ保存ができない場合の特例として、令和5年12月31日までは、プリントアウトした書面の保存を可能としています。

　また、令和6年1月1日以後は、次のような措置が設けられています。

① 検索機能の全てを不要とする措置

　次の者は、税務調査等の際に電子取引データの「ダウンロードの求め（調査担当者にデータのコピーを提供すること）」に応じることができるようにしている場合には、検索機能の全てが不要となります。

　1．基準期間（2課税年度前）の売上高が5,000万円以下である者

　2．電子取引データをプリントアウトした書面を取引年月日及び取引先ごとに整理された状態で提示・提出することができるようにしている者

② 電子データを単に保存することができる措置

　次の1．2．のいずれにも該当する場合には、保存要件に沿った対応は不要となり、電子取引データを単に保存しておくことができます。

　1．要件に従って保存することができなかったことについて、所轄税務署長が相当の理由があると認める場合（事前申請等は不要です）

　2．税務調査等の際に、電子取引データの「ダウンロードの求め」及びその電子取引データをプリントアウトした書面の提示・提出の求めに応じることができるようにしている場合

Question 52

請求書の発行や受取をスマホ対応にしたいのですが……。

　請求書の発行、請求書の受取ともにスマホで対応できるシステムはいくつかあります。インフォマートの「BtoBプラットフォーム 請求書」はスマホブラウザで表示することは可能です。スマホであれば、場所を選ばず請求書の受取、発行状況を確認できますし、複数名で申請・承認を行う際に24時間・365日どこにいても対応可能です。また、Slack、Chatworkなどのビジネスチャットツールとリアルタイムで連携可能ですので、slackで請求書の受取を確認・承認することが可能です。

　ですが、操作する項目が多いため、タブレットやパソコンでの利用を推奨します。スマホで業務完結できるかは、システムを選定する際に一連の操作を確認するようにしましょう。

Question 53

紙とデータの請求書が混在してしまうときの対応はどうしたらいいのでしょうか。

　紙の請求書もデータ化して、全てデータで一括管理することをおすすめします。

　令和6年1月に改正電子帳簿保存法が本格施行開始となり、PDFなどで受け取った請求書を紙に印刷して保存することが原則として禁止されます。取引先と電子データでやり取りした書類はデータのまま保存しなければなりません。この義務化に対応するためにもデータで一括保存するのがおすすめです。

　紙やPDFで受け取った請求書をデータ化するシステムは各社から

AI-OCRとの連携

AI-OCRとの連携（デジタルデータ・紙を一元管理）

STEP 1

指定メールアドレスへ送られた請求書PDFが、
プラットフォーム取り込み用CSVファイルに変換されます。
紙の場合はスキャンしてファイルサーバーへアップロード。
※99.9%以上の精度でデータ化　※入力代行サービスもあります。

STEP 2

データ化結果と請求書原本の画像と並べて確認し、
プラットフォームへCSVファイルアップロード。

複数提供されていますので比較検討してみてください。

　インフォマートの「BtoBプラットフォーム 請求書」は、データで発行、データで受取るサービスですが、Deepworkの「invox受取請求書」などAI-OCRと呼ばれるシステムと連携することができるようになっています。

　データで受け取るものは「BtoBプラットフォーム 請求書」で受け取り、紙・PDFで受け取るものは「invox受取請求書」でデータ化して「BtoBプラットフォーム 請求書」へ連携するという運用ができます。

Question 54

紙でもデジタルでも、自動で仕訳して、いま使っている会計経理ソフトに入力されるようにできますか。

はい、できます。

各システムで対応方法は異なりますので比較検討してみてください。

インフォマートの「BtoBプラットフォーム 請求書」を用いる場合は、Q53でご紹介したDeepworkの「invox受取請求書」との組み合わせることで実現できます。

データで受け取るものは「BtoBプラットフォーム 請求書」で受け

システムとの連携

請求書送付も請求書処理も完全自動化

ほとんどの販売管理システムや会計システムと連携可能！
自動ダウンロード&インポートで請求書送付も請求書処理も完全自動化を実現します。

取り、自動仕訳を行います。紙・PDFで受け取るものは「invox受取請求書」でデータ化して自動仕訳した後に「BtoBプラットフォーム請求書」へ連携し、全てをまとめて、いまお使いの会計ソフトに連携することができます。

　会計ソフトへの連携はお使いのソフトによって方法が異なりますので、詳しくは（インフォマート社に）お問い合わせください。

Question 55

デジタル化に補助金は出ますか。

　費用の面からシステム化・デジタル化に躊躇している方に、おすすめなのがIT導入補助金の活用です。

　これは、中小企業又は小規模事業者が対象で、上限450万円が補助されるという制度です。「通常枠（A・B類型）」に加え、「デジタル化基盤導入枠」、「セキュリティ対策推進枠」があります。

　補助金対象の費用は、IT導入補助金2023に登録されたソフトウェア購入費、クラウド利用費（クラウド利用料最大2年分）、導入関連費、デジタル化基盤導入枠（デジタル化基盤導入類型）はこれに加えハードウェア購入費等が対象です。セキュリティ対策推進枠は、サービス利用料（最大2年分）が対象です。

　導入するツールにより上限金額が変動します。

　補助金の内容や、申請等のスケジュールについては、IT導入補助金2023の特設サイトを参照してください
（https://www.it-hojo.jp/）。

　この補助金は、申請支援はITツールベンダーが行うことができます。どのシステムを導入するかを、相談しながら決めて、ベンダーを通して申請を行ってもらうことができるのが特徴です。

　導入に際してとりまとめた費用も対象ですが、月々の支払も対象とのことですので、国のほうでも、デジタルにシフトさせるという後押しがしっかりと考えられているということです。

　補助金で、電子請求書システムや、会計システムを使えることになりますので、チェックしてみてはいかがでしょうか。

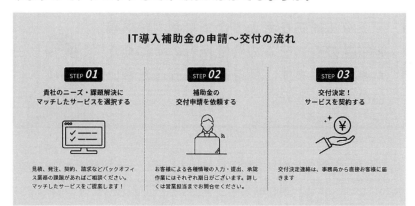

Question 56

デジタル対応を考えていますが、請求書等業務のシステムの会社がものすごくたくさんあります。何を基準に選んだらいいのでしょうか。

　まずは「クラウド型サービス」か「オンプレミス型サービス」かの選択をしましょう。現在は大半がクラウド型ですが一部オンプレミス型もあります。それぞれ特徴があります。

◆クラウド型

・低コストで利用開始できる

・インターネット接続とインターネットブラウザがあれば利用できる

・法対応などは利用料金内でサービス提供者が行ってくれる傾向にある

・カスタマイズは行えないことが多い

・インターネットが繋がらない環境ではほぼ何もできない

◆オンプレミス型（自社運用型）

・セキュリティを高く構築できる

・要望に合わせてカスタマイズができる

・インターネットに繋がらない環境でも利用できる

・高コストになりがち

・法対応を行うには新たなバージョンアップが必要となり、さらにコストがかかることも

　上記を踏まえた上で「実際の使い勝手」「サービスの将来性」を把握して選ぶとよいでしょう。

　「実際の使い勝手」を理解するには無料版やトライアル利用ができるサービスを選べば費用をかけずに確認できます。現在の運用と同じ流れで操作できることが最善とは限りませんので、そのサービスごとの設計思想を理解しながら、実際に請求書発行・受取を試してみてください。

　「サービスの将来性」についてはWebサイトを見てもサービス資料を読んでも書かれていることは少なく判断が難しいですが、実は非常に大事なポイントです。

　経理システムは経営業務の根幹にあり、一度使い始めるとなかなか乗り換えることが難しいです。本書では、請求書の発行・受取に関するシステムの話にフォーカスしていますが、その周辺には発注・受注、見積や契約、会計など多くの経営業務が存在しており、それぞれが関係しあっています。

　デジタルインボイスについての質問（Q48）でも触れましたが、請求行為はデータで始まりデータで終わるデジタルインボイスに向かっていくことは既定路線です。当然その周辺業務もデータで繋がることで飛躍的に効率化され、業務改善・生産性向上が期待されることから請求行為同様にデータ完結方式が進んでいくと予想されます。

　そうした近未来が訪れることを見越して、いまのシステムを提供している企業なのかどうかは導入前に一度は確認しておきましょう。

　「いつ来るかわからない話」と気にかけずにシステムを選んでしまうと数年後に全てやり直すことになって、結果的にコスト高になってしまう可能性があります。

【著 者 紹 介】

金井 恵美子（かない　えみこ）

税理士
1993年税理士登録、大阪市において金井恵美子税理士事務所開設。
平成15年第26回日税研究賞入選。
現在、同事務所所長、近畿大学大学院法学研究科非常勤講師。
全国の税理士会、研修機関等の講師を務める。
（著書）
『理解が深まる消費税インボイス制度QA』（税務研究会）
『十六訂版　令和5年4月改正対応　実務消費税ハンドブック』（コントロール社）
『令和4年10月改訂　プロフェッショナル消費税の実務（清文社）
『演習消費税法』（全国経理協会「消費税法」テキスト）（清文社）
『新版　消費税仕入税額控除の実務　インボイス制度になる前・なった後』（清文社）他多数。
（論文）
「破産管財人の源泉徴収義務について」税法学562号
「所得税法における損失の取扱いに関する一考察」税法学566号
「税率構造～軽減税率の法制化を踏まえて」の日税研論集70号
「最低生活費への課税とユニバーサル定額給付～消費税が奪った最低生活費をどう償うか」税法学581号
「所得税法56条の功罪」税法学586号　他多数。

＜編集協力＞
株式会社インフォマート

国内最大級のBtoB（企業間電子商取引）プラットフォーム。取引関係のある企業と企業を、社内を、ビジネスパーソンを、つないで結び、会社経営、ビジネススタイルを大きく変えるシステムを提供する。
https://www.infomart.co.jp/

駆け込み完全マスター！
売上1,000万円以下の個人事業のためのインボイス制度

令和5年7月20日　初版第一刷発行	（著者承認検印省略）
令和5年8月31日　初版第二刷発行	

Ⓒ　著　　者　　金井恵美子

編集協力　　株式会社インフォマート

発行所　　税 務 研 究 会 出 版 局

週刊「税 務 通 信」「経 営 財 務」発 行 所

代表者　　山　　根　　　　毅

郵便番号100-0005
東京都千代田区丸の内1-8-2 鉄鋼ビルディング

https://www.zeiken.co.jp

乱丁・落丁の場合は、お取替え致します。　　　印刷・製本　奥村印刷株式会社

ISBN 978-4-7931-2769-4

消費税関係 ————

《2023年4月1日現在》

電子インボイス
業務デジタル化のポイント

袖山 喜久造 著／A5判／232頁

定価 **2,750** 円

令和5年10月から始まる消費税インボイス制度への対応準備は、経理業務のDX化を進める絶好の機会です。本書ではインボイス制度や電帳法の解説とともに、会計・経費精算等のシステムやクラウドサービス製品のインボイス制度への対応情報をベンダ各社からの協力を得て提供しています。

2023年4月刊行

〔改訂版〕
消費税&インボイスがざっくりわかる本

高山 弥生 著／A5判／208頁

定価 **1,760** 円

令和5年10月から始まるインボイス制度を理解するためのベースとなる消費税法の知識を身につけることができ、さらにインボイス制度についてもざっくりと理解することができます。改訂版では令和4年11月に国税庁から公表された「インボイス制度に関するQ&A」の改訂内容、令和5年度税制改正の改正内容を加筆しています。

2023年4月刊行

〔十一訂版〕実務家のための
消費税実例回答集

木村 剛志・中村 茂幸 編／A5判／1136頁

定価 **8,250** 円

実務に役立つ事例を吟味して掲載し、消費税導入に直接携わった編者が的確な回答を行っています。今回の改訂では、前版発行後の平成27年4月以降の改正を織り込み、また、居住用賃貸建物の仕入税額控除や非居住者に対する委託販売等の輸出免税の問題、簡易課税の事業区分に関するものなど、新規事例を約40問追加し、全686問を収録。

2022年6月刊行

〔八訂版〕勘定科目別の事例による
消費税の課否判定と仕訳処理

上杉 秀文 著／A5判／808頁

定価 **5,280** 円

勘定科目別に選定した事例を基に仕訳処理を示し、関連する法人税、所得税等の取扱いも含めてわかりやすく解説。今回の改訂では、居住用賃貸建物に係る仕入税額控除不適用の取扱い、インボイス制度の導入に伴う80%控除等の経過措置の取扱い等、新たな事例を18追加し、総数872事例を収録。

2022年6月刊行

税務研究会出版局 https://www.zeiken.co.jp/

※ 定価は10%の消費税込みの表示となっております。